ამათ წინააღმდეგ არ არის რჯული

სულის ნაყოფი

ამათ წინააღმდეგ
არ არის რჯული

Dr. Jaerock Lee

URIM BOOKS

ამათ წინააღმდეგ არ არის რჯული დოქტორი ჯაეროკ ლისგან
გამოქვეყნებულია ურიმ ბუქსის მიერ
(წარმომადგენელი: Johnny. H. Kim)
361-66, სინდაებანგ-დონგ, დოგიაკ-გუ, სეული, კორეა
www.urimbooks.com

ყველა უფლება დაცულია. ეს წიგნი ან მისი ნაწილები არ შეიძლება იქნას გამრავლებული, შენახული საძიებო სისტემაში, ან გადაცემული ნებისმიერი ფორმით, ელექტრონული, მექანიკური თუ ფოტო კოპირებით. მხოლოდ წინასწარი წერილობითი ნებართვით რედაქტორისაგან.

ყველა ციტატა ამოღებულია ბიბლიის თარგმნის ინსტიტუტის რუსეთი/CIS ქართული ბიბლიიდან (2002). გამოყენებულია ნებართვით.

საავტორო უფლება @ 2016 დოქტორი ჯაეროკ ლისაგან

ISBN: 979-11-263-0831-6 03230

თარგმნის საავტორო უფლება @ 2014 დოქტორი ესთერ კ. ჩუნგისგან. გამოყენებულია ნებართვით.

პირველი გამოცემა 2016 წლის ოქტომბერი

მანამდე გამოქვეყნებულია კორეულად 2009 წელს ურიმ ბუქსის მიერ, სეული, კორეა

რედაქტირებულია დოქტორი გეუმსუნ ვინის მიერ
ილუსტრირებულია ურიმ ბუქსის სარედაქციო ბიუროს მიერ
დაბეჭდილია იევონის ბეჭდვის კომპანიის მიერ
დამატებითი ინფორმაციისათვის დაგვიკავშირდით: urimbook@hotmail.com

„ხოლო სულის ნაყოფია: სიყვარული, სიხარული, მშვიდობა, დიდსულოვნება, სიტკბოება, სიკეთე, რწმენა, თვინიერება, თავშეკავება; ამათ წინააღმდეგ არ არის რჯული."
(გალათელთა 5:22-23)

წინასიტყვაობა

ქრისტიანები აღწევენ ჭეშმარიტ თავისუფლებას, როდესაც სული წმინდის ნაყოფებს ისხამენ, რომელთა წინააღმდეგაც არ არის რჯული.

ყველამ უნდა დაიცვას წესები მათთვის მოცემულ ვითარებაში. თუ კი ფიქრობენ, რომ ეს წესები მათ ზღუდავენ, ისინი თავს დამძიმებულად და აუტანლად იგრძნობენ. და მხოლოდ იმიტომ, რომ თავს დამძიმებულად გრძნობენ, ისინი განაგრძობენ შეუძლად ყოფნას და ეს არ არის თავისუფლება. ასეთ რაღაცეებში განებივრების შემდეგ, ისინი მხოლოდ პატივმოყვარეობის გრძნობით დარჩებიან და საბოლოოდ მათ მხოლოდ სიკვდილის გზა ელით.

ჭეშმარიტი თავისუფლება არის საუკუნო სიკვდილისგან და ცრემლების, გაჭირვების და ტკივილისგან გათავისუფლება. ეს ასევე არის თავდაპირველი ბუნების გაკონტროლება, რომელიც ასეთ რაღაცეებს გვაძლევს და ძალის მოპოვება მათი ჩახშობისათვის. სიყვარულის ღმერთს არ სურს, რომ ჩვენ დავიტანჯოთ და ამ მიზეზის გამო, მან ბიბლიაში ჩაწერა საუკუნო სიცოცხლის და ჭეშმარიტი თავისუფლების მისაღწევი გზები.

დამნაშავეები ან ის ადამიანები, რომლებსაც ქვეყნის კანონი აქვთ დარღვეული, ნერვიულდებიან, როდესაც პოლიციის ოფიცერს ხედავენ. მაგრამ ის ადამიანები,

რომლებიც კანონს იცავენ, არ ემართებათ ასე და მათ ყოველთვის შეუძლიათ პოლიციელს დახმარება სთხოვონ და მათთან ერთად თავს უფრო დაცულად გრძნობენ.

ანალოგიურად, იმ ადამიანებს, რომლებიც ჭეშმარიტებაში ცხოვრობენ, არაფრის არ ეშინიათ და ჭეშმარიტი თავისუფლებით იღებენ სიამოვნებას, რადგან მათ ესმით, რომ ღმერთის რჯული არის კურთხევების მისაღები გზა.

ღმერთის რჯული შეიძლება ოთხ კატეგორიად დაიყოს. ეს გვეუბნება, რომ გავაკეთოთ, არ გავაკეთოთ, შევინახოთ და განვდევნოთ გარკვეული რაღაცეები. დღითიდღე სამყარო ბოროტებითა და ცოდვების ბინძურდება და ამ მიზეზის გამო, უფრო მეტი ადამიანი გრძნობს თავდ დამძიმებულად ღმერთის რჯულის შესახებ და არ იცავენ მას. ისრაელის ხალხი ძველი აღთქმის დროს დიდად დაიტანჯა, როდესაც მოსეს რჯული არ დაიცვეს.

ამიტომ, ღმერთმა გამოგზავნა იესო დედამიწაზე და ყველანი რჯულის წყევლისგან გაათავისუფლა. უცოდველი იესო მოკვდა ჯვარზე და ყველა ადამიანს, რომელსაც მისი სწამს, შეუძლია რწმენით იხსნას. როდესაც ხალხი იღებს სული წმინდის ნიჭს იესო ქრისტეს მიღებით, ისინი ხდებიან ღმერთის შვილები და მათაც შეუძლიათ სული წმინდის

ნაყოფების მოსხმა მისი წინამძღოლობის დახმარებით.

როდესაც სული წმინდა ჩვენს გულებში მოვა, იგი დაგვეხმარება გავიგოთ ღმერთის სიღრმე და ვიცხოვროთ მისი სიტყვის თანახმად. მაგალითად, როდესაც არსებობს ადამიანი, რომლის პატიებაც არ შეგვიძლია, იგი შეგვახსენებს შენდობას და უფლის სიყვარულს და გვეხმარება ამ ადამიანს მივუტევოთ. შემდეგ, ჩვენ სწრაფად განვდევნით ბოროტებას ჩვენი გულებიდან და მას სიყვარულითა და სიკეთით ჩავანაცვლებთ. ამ გზით, როდესაც სული წმინდას მოვისხამთ მისი წინამძღოლობის დახმარებით, ჩვენ არა მარტო თავისუფლებით ვისიამოვნებთ ჭეშმარიტებაში, არამედ ასევე მივიღებთ ღმერთის უხვ სიყვარულსა და კურთხევებს.

სულის ნაყოფით, ჩვენ შეგვიძლია შევამოწმოთ ჩვენი თავი, თუ როგორი განწმენდილები ვართ და თუ რამდენად ახლოს შეგვიძლია მივიდეთ ღმერთის ტახტთან, და რამდენად გავაშენეთ უფლის გული. სულის რაც უფრო მეტ ნაყოფს მოვისხამთ, მით უფრო ნათელ და ლამაზ ზეციურ სასუფეველში შევალთ. ზეცაში, ახალ იერუსალიმში შესასვლელად, ჩვენ უნდა მოვისხათ ყველა ნაყოფი და არა რამდენიმე.

ეს ნამუშევარი ამათ წინააღმდეგ არ არის რჯული

გეხმარება ადვილად გაიგო სული წმინდის ნაყოფების სულიერი მნიშვნელობები და მათი განსაკუთრებული მაგალითებით. სულიერ სიყვარულთან ერთად 1 კორინთელთა 13-ში და მათე 5-ში, სული წმინდის ნაყოფები არის მაჩვენებლები, რომელიც წინ გვიძღვება შესაფერისი რწმენისაკენ. ისინი წაგვიძღვებიან მანამ, სანამ არ მივაღწევთ რწმენის საბოლოო დანიშნულების ადგილს, ახალ იერუსალიმს.

მე მადლობას ვუხდი გეუმსუნ ვინს, სარედაქციო ბიუროს დირექტორს და მის პერსონალს, და ვლოცულობ უფლის სახელით, რომ შენ მალე მოისხამ სული წმინდის ცხრა ნაყოფს ამ წიგნის დახმარებით, რათა ისიამოვნო ჭეშმარიტი თავისუფლებით და გახდე იერუსალიმის მცხოვრები.

ჯაეროკ ლი

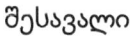

შესავალი

მაჩვენებელი ჩვენი რწმენის მოგზაურობისას ზეცაში ახალი იერუსალიმისკენ

ყველა ადამიანი დაკავებულია ამ თანამედროვე სამყაროში. ისინი მუშაობენ და მძიმედ შრომობენ, რათა მრავალ რამეს ფლობდნენ. და მაინც, ზოგ ადამიანს ჯერ კიდევ აქვს საკუთარი მიზანი მიუხედავად ამ სამყაროს ტენდენციისა, მაგრამ ამ ადამიანებმაც კი ზოგჯერ შეიძლება იფიქრონ, ცხოვრობენ თუ არა წესიერი ცხოვრებით. მათ ამ მომენტში შეიძლება საკუთარ წარსულს გადახედონ. ჩვენი რწმენის მოგზაურობაში, ჩვენც შეიძლება გვქონდეს სწრაფი ზრდა და მოკლე გზა ავირჩიოთ ზეცის სასუფევლამდე, როდესაც საკუთარ თავებს ღმერთის სიტყვით შევამოწმებთ.

თავი 1, „სულის ნაყოფის მოსხმა“, განმარტავს სული წმინდის შესახებ, რომელიც აცოცხლებს ადამის ცოდვის გამო მკვდარ სულს. ეს გვეუბნება, რომ ჩვენ მაშინ შეგვიძლია მოვისხათ სული წმინდის ნაყოფები, როდესაც სული წმინდის სურვილებს გავყვებით.

თავი 2 „სიყვარული“ გვეუბნება თუ რა არის სულის

პირველი ნაყოფი, სიყვარული. ეს ასევე გვიჩვენებს სიყვარულის ზოგ დამახინჯებულ ფორმას ადამის დაცემის შემდეგ და გვაძლევს ისეთი სიყვარულის გაშენების გზებს, რომელიც ღმერთისთვის სასიამოვნოა.

თავი 3, „სიხარული" ამბობს, რომ სიხარული არის ძირითადი სტანდარტი, რომლითაც შეგვიძლია შევამოწმოთ ჩვენი რწმენა არის თუ არა სათანადო და ასევე განმარტავს მიზეზს, თუ რატომ დავკარგეთ პირველი სიყვარულის სიხარული. ეს გვატყობინებს სიხარულის ნაყოფის მოსხმის სამ გზას, რომლითაც შეგვიძლია გავიხაროთ ნებისმიერ სიტუაციაში და მდგომარეობაში.

თავი 4 „მშვიდობა" აცხადებს, რომ მნიშვნელოვანია ცოდვების კედლების ჩამონგრევა, რომ ღმერთთან სიმშვიდე გვქონდეს და რომ ჩვენ უნდა შევინარჩუნოთ სიმშვიდე როგორც საკუთარ თავებთან, ასევე სხვებთანაც. ეს ასევე საშუალებას გვაძლევს გავიგოთ სიკეთის სიტყვების გამოთქმის და სხვა ადამიანების თვალის ხედვიდან ფიქრის დიდ მნიშვნელობას.

თავი 5 „დიდსულოვნება“ განმარტავს, რომ ჭეშმარიტი დიდსულოვნება არ არის გრძნობების ჩახშობა, არამედ კეთილი გულით მოთმინება, რომელშიც ბოროტება არ არსებობს და რომ დიდ კურთხევებს მივიღებთ, როდესაც ჭეშმარიტი სიმშვიდე გვაქვს. ეს ასევე ღრმად შეისწავლის დიდსულოვნების სამ ფორმას: დიდსულოვნება, რომ ადამიანის გული შეცვალოს; დიდსულოვნება ადამიანებთან; დიდსულოვნება ღმერთთან დაკავშირებით.

თავი 6 „სიტკბოება“ უფლის მაგალითით გვასწავლის, თუ როგორ ადამიანს აქვს სიტკბოება. ეს ასევე გვეუბნება „სიყვარულის“ განსხვავებებს სიტკბოების მახასიათებლების განმარტვით. საბოლოოდ, ეს გვიჩვენებს გზას ღმერთის სიყვარულის და კურთხევების მისაღებად.

თავი 7 „სიკეთე“ გვეუბნება სიკეთის გულის შესახებ უფლის მაგალითით, რომელსაც არავისთან არ უკინკლავია. ეს ასევე განასხვავებს სიკეთეს სხვა ნაყოფებისგან, რათა შევძლოთ სიკეთის ნაყოფის მოსხმა და ქრისტეს სურნელება გამოვცეთ.

თავი 8 „რწმენა“ გვასწავლის იმ კურთხევების შესახებ,

რომლებსაც მაშინ ვიღებთ, როდესაც ღმერთის ყველა საქმეში ვართ ერთგულები. მოსეს და იოსების მაგალითებით, ეს თავი გვეხმარება გავიგოთ თუ როგორ ადამიანს შეუძლია ერთგულების ნაყოფის მოსხმა.

თავი 9 „თვინიერება" განმარტავს თვინიერების მნიშვნელობას ღმერთის თვალში და აღწერს იმ ადამიანების მახასიათებლებს, რომლებიც ისხამენ თვინიერების ნაყოფს. ეს გვაძლევს ოთხი სახის მიწის ილუსტრაციას, თუ რა უნდა გავაკეთოთ იმისათვის, რომ თვინიერების ნაყოფი მოვისხათ. საბოლოოდ ეს თავი გვეუბნება კურთხევების შესახებ, რომლებსაც თვინიერი ადამიანები იღებენ.

თავი 10 „თავშეკავება" გვიჩვენებს მიზეზს, თუ რატომ არის თავშეკავება დასახელებული როგორც სული წმინდის ცხრა ნაყოფიდან ბოლო ნაყოფი და ასევე თავშეკავების მნიშვნელობას. თავშეკავების ნაყოფი არის აუცილებელი რამ, რომელიც ავარჯიშებს კონტროლს სული წმინდის დანარჩენ რვა ნაყოფზე.

თავი 11 „ამათ წინააღმდეგ არ არის რჯული“ არის ამ წიგნის დასკვნა, რომელიც გვეხმარება გავიგოთ სული წმინდის გაყოლის მნიშვნელობა და სურს, რომ ყოველი მკითხველი მალევე გახდეს მთლიანი სულის ადამიანი სული წმინდის დახმარებით.

ჩვენ არ შეგვიძლია ვთქვათ, რომ დიდი რწმენა გვაქვს მხოლოდ იმიტომ, რომ დიდი ხანია მორწმუნეები ვართ ან იმიტომ, რომ ბიბლიის დიდი ცოდნა გვაქვს. რწმენის ზომა გაირჩევა, თუ რამდენად შევცვალეთ ჩვენი გულები ჭეშმარიტების გულებათ და რამდენად გავაშენეთ უფლის გული.

მე იმედი მაქვს, რომ ყველა მკითხველს შეეძლება შეამოწმოს თავისი რწმენა და მოისხას სული წმინდის ცხრა ნაყოფი სული წმინდის წინამძღოლობით.

გეუმსუნ ვინი,
სარედაქციო ბიუროს დირექტორი

სარჩევი
ამათ წინააღდეგ არ არის რჯული

წინასიტყვაობა · vii

შესავალი · xi

თავი 1
სულის ნაყოფის მოსხმა   1

თავი 2
სიყვარული   13

თავი 3
სიხარული   29

თავი 4
მშვიდობა   49

თავი 5
დიდსულოვნება   69

თავი 6
სიტკბოება   89

თავი 7
სიკეთე   105

თავი 8
რწმენა   123

თავი 9
თვინიერება   141

თავი 10
თავშეკავება   163

თავი 11
ამათ წინააღმდეგ არ არის რჯული   179

გალათელთა 5:16-21

„ჰოდა, მე ვამბობ: სულიერად იარეთ და ნუ ცდილობთ
აღასრულოთ ხორცის სურვილი, რადგან ხორცს
სულის საპირისპიროდ სურს, სულს კი – ხორცის
საპირისპიროდ; ისინი ერთმანეთს ეურჩებიან, რათა
ვერ აღასრულოთ ის, რაცა გსურთ. თუ სულით
იარებით, რჯულის ქვეშ აღარა ხართ. ხორცის საქმენი
აშკარაა: სიძვა, უწმინდურება, აღვირახსნილობა,
კერპთმსახურება, ჯადოქრობა, მტრობა, შუღლი,
შური, რისხვა, აშლილობა, მწვალებლობა,
სიძულვილი, მკვლელობა, მემთვრალეობა,
ღორმუცელობა და სხვა მასთანანი. წინასწარ
გეტყვით, რომ ამის მოქმედნი ვერ დაიმკვიდრებენ
ღვთის სასუფეველს.“

თავი 1

სულის ნაყოფის მოსხმა

სული წმინდა აცოცხლებს მკვდარ სულს
სულის ნაყოფის მოსხმა
სული წმინდის სურვილები და ხორცის სურვილები
დაე არ დავკარგოთ ჩვენი გული სიკეთის კეთებისას

სულის ნაყოფის მოსხმა

როდესაც მძღოლები ცარიელ გზატკეცილზე ატარებენ მანქანას, მათ გამაცოცხლებელი გრძნობა ეუფლებათ. მაგრამ თუ კი პირველად მგზავრობენ გარკვეულ ადგილას, ისინი მაინც უნდა იყვნენ ფრთხილნი და მზადყოფნაში. მაგრამ, თუ კი მათ ადგილმდებარეობის განმსაზღვრელი გლობალური სისტემა აქვთ მანქანაში? მათ შეუძლიათ ჰქონდეთ გზის დეტალური ინფორმაცია და სწორი წინამძღოლობა, ამიტომ დაკარგვის გარეშე აღწევენ დანიშნულების ადგილს.

ჩვენი რწმენის მგზავრობა ზეცის სასუფევლისაკენ არის მსგავსი. იმ ადამიანებს, რომლებსაც სწამთ ღმერთის და მისი სიტყვით ცხოვრობენ, სული წმინდა იცავს და წინ უძღვება მათ, რათა ცხოვრებაში სირთულეებს და გაჭირვებებს არ გადაეყარონ. სული წმინდა წინ გვიძღვება უმოკლესი და ყველაზე ადვილი გზით ჩვენი დანიშნულების ადგილისაკენ, ზეცის სასუფევლისაკენ.

სული წმინდა აცოცხლებს მკვდარ სულს

პირველმა ადამიანი, ადამი იყო ცოცხალი სული, როდესაც ღმერთმა შექმნა და სიცოცხლის სუნთქვა ჩაჰბერა მის ნესტოებში. „სიცოცხლის სუნთქვა“ არის „ძალა, რომელიც თავდაპირველ სინათლეშია“ და ეს გადაეცა ადამის შთამომავლებს, სანამ ედემის ბაღში ცხოვრობდნენ.

თუმცა, როდესაც ადამმა და ევამ დაუმორჩილებლობის ცოდვა ჩაიდინეს და დედამიწაზე გამოიდევნენ, ყველაფერი ისევ ისე არ დარჩენილა. ღმერთმა ადამისგან და ევასგან ამოიღო სიცოცხლის სუნთქვა და დატოვა მხოლოდ მისი ნაკვალევი და ეს არის „სიცოცხლის თესლი.“ და ეს სიცოცხლის თესლი არ შეიძლება გადავიდეს ადამის და ევას შვილებზე.

ამგვარად, ფეხმძიმობის მეექვსე თვეს, ღმერთი ბავშვის სულში დებს სიცოცხლის თესლს და თესავს მას გულის

უჯრედში, რომელიც ადამიანის ცენტრალური ნაწილია. იმ ადამიანების შემთხვევაში, რომლებსაც იესო ქრისტე არ აქვთ მიღებული, სიცოცხლის თესლი რჩება უმოქმედო, ზუსტად როგორც თესლი, რომელიც მაგარი ნაჭუჭით არის დახურული. ჩვენ ვამბობთ, რომ სული არის მკვდარი, როდესაც სიცოცხლის თესლი უმოქმედოა. მანამ სანამ სული მკვდარი რჩება, ადამიანს არ შეუძლია საუკუნო სიცოცხლის მიღება ან ზეციურ სასუფეველში შესვლა.

ადამის დაცემის შემდეგ, ყველა ადამიანს წინასწარ ჰქონდა დანიშნული სიკვდილი. იმისათვის, რომ საუკუნო სიცოცხლე მიიღონ, მათ ცოდვები უნდა მიეტევოთ, რომელიც სიკვდილის თავდაპირველი მიზეზია და მათი მკვდარი სულები უნდა გაცოცხლდნენ. ამ მიზეზის გამო, სიყვარულის ღმერთმა გამოგზავნა თავისი ერთადერთი ძე დედამიწაზე როგორც მწყალობელი და გახსნა ხსნის გზა. სახელდობრ, იესომ მიიღო მთელი ადამიანთა მოდგმის ცოდვები და მოკვდა ჯვარზე, რათა ჩვენი მკვდარი სულები გაეცოცხლებინა. იგი გახდა გზა, ჭეშმარიტება და სიცოცხლე, რათა ადამიანებს მიეღოთ საუკუნო სიცოცხლე.

ამგვარად, როდესაც იესო ქრისტეს ჩვენს საკუთარ მხსნელად მივიღებთ, ცოდვები მოგვეტევება; ჩვენ გავხდებით ღმერთის შვილები და მივიღებთ სული წმინდის ნიჭს. სული წმინდის ძალით, სიცოცხლის თესლი, რომელიც დომინანტური იყო, გაცოცხლდება და გააქტიურდება. ეს არის, როდესაც მკვდარი სული გაცოცხლდება. ამის შესახებ იოანე 3:6 ამბობს, „...სულის მიერ შობილი – სული." თესლი, რომელიც აღმოცენდა, შეიძლება გაიზარდოს მხოლოდ მაშინ, როდესაც წყლით და მზის სხივით მოამარაგებ. ანალოგიურად, სიცოცხლის თესლს სჭირდება სულიერი წყალი და სინათლე, რათა გაიზარდოს და აღმოცენდეს. სახელდობრ, იმისათვის, რომ ჩვენი სულები გავზარდოთ, ჩვენ უნდა ვისწავლოთ ღმერთის სიტყვა, რომელიც სულიერი წყალია და უნდა ვიმოქმედოთ ღმერთის სიტყვის

მიხედვით, რომელიც სულიერი სინათლეა.

სული წმინდა, რომელიც ჩვენს გულებში მოვიდა, გვატყობინებს ცოდვის, სამართლიანობის და განაჩენის შესახებ. იგი გვეხმარება განვდევნოთ ცოდვები და უკანონობა და ვიცხოვროთ სამართლიანობაში. იგი გვაძლევს ძალას, რომ ჭეშმარიტებაში ვილაპარაკოთ, ვიფიქროთ და ვიმოქმედოთ. იგი ასევე გვეხმარება რწმენაში ვიცხოვროთ და იმედი გვქონდეს ზეციური სასუფევლის, რათა ჩვენი სული კარგად გაიზარდოს. უკეთესი გაგებისათვის ნება მიბოძე ილუსტრაცია მოგცე.

ვთქვათ არსებობს ბავშვი, რომელიც გაიზარდა ბედნიერ ოჯახში. ერთ დღეს იგი ავიდა მთაზე და იქიდან გადმომყურემ შეჰყვირა „იაჰუუ!" მაგრამ შემდეგ, ვიღაცამ ანალოგიურად უპასუხა, „იაჰუუ!" გაკვირვებულმა ბიჭმა ჰკითხა, „ვინ ხარ?" და მეორემ მისი ნათქვამი გაიმეორა. ბიჭი გაბრაზდა, რადგან ეს მეორე მას აჯავრებდა და თქვა, „ცდილობ ჩხუბი დაიწყო ჩემთან?" და იგივე სიტყვები დაუბრუნდა უკან. მან მოულოდნელად იგრძნო, რომ ვიღაც უყურებდა და შეეშინდა.

იგი სწრაფად დაბრუნდა მთიდან და დედამისს უთხრა ამის შესახებ. მან თქვა, „დედა, მთაში ძალიან ცუდი ადამიანია." მაგრამ დედამისმა ნაზი ღიმილით უპასუხა, „მე მგონია, რომ ეგ ბიჭი მთაში, არის კარგი ბიჭი, და შეიძლება შენი მეგობარი გახდეს. დაბრუნდი უკან მთაში ხვალ და ბოდიში მოუხადე მას." მეორე დღეს ბიჭი დაბრუნდა მთაში და ხმამაღალი ხმით შესძახა, „ბოდიშს გიხდი გუშინდელისთვის! არ გინდა ჩემი მეგობარი გახდე?" იგივე პასუხი დაუბრუნდა უკან.

დედამ შვილს საშუალება მისცა თვითონ გაეცნობიერებინა თუ რა იყო. და სული წმინდაც გვეხმარება ჩვენი რწმენის მოგზაურობაში, როგორც ნაზი დედა.

სულის ნაყოფის მოსხმა

როდესაც თესლი ითესება, იგი აღმოცენდება, იზრდება და ყლორტს იღებს და ამის შემდეგ ისხამს ნაყოფი. მსგავსად, როდესაც ჩვენში სიცოცხლის თესლი ღმერთის მიერ ითესება სული წმინდის საშუალებით, იგი იზრდება და სული წმინდის ნაყოფს ისხამს. თუმცა, ყველა ის ადამიანი, რომელსაც სული წმინდა აქვს მიღებული, არ ისხამს სული წმინდის ნაყოფებს. ჩვენ სული წმინდის ნაყოფის მოსხმა მხოლოდ მაშინ შეგვიძლია, როდესაც სული წმინდის წინამძღოლობას მივყვებით.

სული წმინდა შეიძლება მივამსგავსოთ დენის გენერატორს. ელექტრობა მაშინ წარმოიშობა როდესაც გენერატორია ჩართული. თუ კი გენერატორი დაკავშირებულია ნათურასთან და ელექტრობით ამარაგებს, ნათურა სინათლეს გამოანათებს. როდესაც სინათლეა, სიბნელე ქრება. ანალოგიურად, როდესაც სული წმინდა მოქმედებს ჩვენში, სიბნელე ქრება, რადგან ჩვენი გულებიდან სინათლე ანათებს. შემდეგ ჩვენ შევძლებთ სული წმინდის ნაყოფების მოსხმას.

აქ არსებობს ერთი მნიშვნელოვანი რამ. იმისათვის, რომ ნათურამ სინათლე გამოანათოს, მხოლოდ მისი გენერატორზე შეერთება არ არის საკმარისი. ვინმემ უნდა ამუშაოს გენერატორი. ღმერთმა მოგვცა გენერატორი სახელწოდებით სული წმინდა, და ახლა ჩვენ უნდა ავამუშაოთ გენერატორი, სული წმინდა.

იმისათვის, რომ სული წმინდის გენერატორი ვამუშაოთ, ჩვენ მზადყოფნაში უნდა ვიყოთ და მხურვალედ ვილოცოთ. ჩვენ ასევე უნდა დავემორჩილოთ სული წმინდის წინამძღოლობას, რათა ჭეშმარიტებას გავყვეთ. როდესაც სული წმინდის წინამძღოლობას მივყვებით, ჩვენ ვამბობთ, რომ სული წმინდის სურვილებს მივყვებით. ჩვენ სული წმინდით ვიქნებით სავსე, როდესაც ბეჯითად გავყვებით სული წმინდის სურვილებს და ამის გაკეთებით ჩვენი

გულები ჭეშმარიტებით შეიცვლება. ჩვენ მაშინ მოვისხამთ სული წმინდის ნაყოფებს, როდესაც სული წმინდის სისავსეს მივაღწევთ.

როდესაც განვდევნით ყველა ცოდვილ ბუნებას ჩვენი გულიდან და სული წმინდის დახმარებით გავაშენებთ სულის გულს, სული წმინდის ნაყოფები დაიწყებს თავიანთი ფორმის გამომჟღავნებას. მაგრამ, ზუსტად როგორც დამწიფების სიჩქარე და ყურძნის ზომა განსხვავდება ერთი და იგივე კონაში, ზოგი სული წმინდის ნაყოფი შეიძლება მთლიანად იყოს დამწიფებული, როდესაც სხვა ნაყოფები არ არის დამწიფებული. ადამიანმა შეიძლება უხვად მოისხას სიყვარულის ნაყოფი, როდესაც მისი თავშეკავების ნაყოფი არ არის საკმარისად დამწიფებული. ან, ადამიანის ერთგულების ნაყოფი შეიძლება იყოს მთლიანად დამწიფებული, როდესაც მისი თვინიერება არ არის დამწიფებული.

მიუხედავად ამისა, დროთა განმავლობაში ყოველი ყურძენი მთლიანად დამწიფდება და მთელი კონა იქნება დიდი და მუქი იისფერი ყურძნებით სავსე. მსგავსად, თუ ჩვენ სული წმინდის ნაყოფებს სრულყოფილად მოვისხამთ, ეს იმას ნიშნავს, რომ ჩვენ გავხდით მთლიანი სულის ადამიანები, რომლებიც ღმერთს სურს რომ მიიღოს. ასეთი ადამიანები გამოსცემენ ქრისტეს სურნელებას ცხოვრების ყველა ასპექტში. ისინი გარკვევით გაიგონებენ სული წმინდის ხმას და გამოამჟღავნებენ სული წმინდის ძალას ღმერთის სადიდებლად. რადგან ისინი სრულყოფილად დაემსგავსნენ ღმერთს, მათ მიეცემათ ახალ იერუსალიმში შესვლის საშუალება, სადაც ღმერთის ტახტი მდებარეობს.

სული წმინდის სურვილები და ხორცის სურვილები

როდესაც ვცდილობთ სული წმინდის სურვილებს

გავყვეთ, არსებობს სხვა სახის სურვილი, რომელიც ხელს გვიშლის. ეს არის ხორცის სურვილი. ხორცის სურვილი მიჰყვება არაჭეშმარიტებას, რომელიც ღმერთის სიტყვის საწინააღმდეგოა. არაჭეშმარიტება გვაკეთებინებს ისეთ რაღაცეებს, როგორიც არის ხორცის ვნება, თვალის ვნება და სიცოცხლის მკვეხარა სიამაყე. ასევე ცოდვებს გვადენინებს და ვანხორციელებთ არასამართლიანობასა და უკანონობას.

ახლახან, ერთი კაცი მოვიდა ჩემთან და მთხოვა მელოცა მისთვის, რომ უხამსი მატერიალების ყურება შეეწყვიტა. მან თქვა, რომ როდესაც პირველად დაიწყო ასეთი რაღაცეების ყურება, ეს არ ყოფილა სიამოვნებისათვის, არამედ იმისთვის, რომ გაეგო თუ როგორ ზემოქმედებას ახდენს ასეთი რაღაცეები ხალხზე. მაგრამ ერთხელ ყურების შემდეგ, მას გამუდმებით ახსენდებოდა ეს სცენები და სურდა მათი ყურება. მაგრამ შიგნით, სული წმინდა დაჟინებით ბრძოლობდა, რომ მას ეს არ გაეკეთებინა და მან თავი შეწუხებულად იგრძნო.

ამ შემთხვევაში, მისი გული აღელდა თვალის სურვილის გამო, სახელდობრ ის რაღაცეები, რაც მან დაინახა და გაიგონა თავისი თვალით და ყურით. თუ ჩვენ არ განვდევნით ასეთ ხორცის სურვილს, მალე არაჭეშმარიტი რაღაცეების გაკეთებას დავიწყებთ ერთხელ, ორჯერ, სამჯერ და ეს რიცხვი გააგრძელებს ზრდას.

ამ მიზეზის გამო, გალათელთა 5:16-18 ამბობს, „ჰოდა, მე ვამბობ: სელიერად იარეთ და ნუ ცდილობთ აღასრულოთ ხორცის სურვილი. რადგან ხორცს სულის საპირისპიროდ სურს, სულს კი – ხორცის საპირისპიროდ; ისინი ერთმანეთს ეურჩებიან, რათა ვერ აღასრულოთ ის, რაცა გსურთ. თუ სულით იარებით, რჯულის ქვეშ აღარა ხართ."

ერთის მხრივ, როდესაც სული წმინდის სურვილებს მივყვებით, ჩვენ გულში სიმშვიდე გვაქვს და ბედნიერები ვიქნებით, რადგან სული წმინდა ხარობს ჩვენში. მეორეს

მხრივ, თუ კი ხორცის სურვილებს მივყვებით, ჩვენი გული შეწუხდება, რადგან სული წმინდა ჩვენში გოდებს. ასევე, ჩვენ დავკარგავთ სულის სისავსეს და ამიტომ კიდევ უფრო რთული გახდება სული წმინდის სურვილებს გავყვეთ.

პავლე ამის შესახებ რომაელთა 7:22-24-ში საუბრობდა, „ვინაიდან, როგორც შინაგანი კაცი, ღვთის რჯულით ვტკბები. მაგრამ ჩემს ასოებში სხვა რჯულსა ვხედავ, რომელიც ეურჩება ჩემი გონების რჯულს, და ცოდვის იმ რჯულის ტყვედ მაქცევს, რომელიც არის ჩემს ასოებში. ვაიმე, ბედრკულს! ვაიმე, ბედრკულს! ვინ დამიხსნის სიკვდილის ამ სხეულისაგან?" იმის და მიხედვით ჩვენ სული წმინდის თუ ხორცის სურვილებს მივყვებით, ჩვენ შეგვიძლია გავხდეთ ან ღმერთის შვილები, რომლებიც გადარჩენილები არიან, ან სიბნელის შვილები, რომლებიც სიკვდილის გზას იღებენ.

გალათელთა 6:8 ამბობს, „ვინც ხორცისთვის თესავს, ხორცისგან მოიმკის ხრწნილებას, ხოლო ვინც სულისთვის თესავს, სულისგან მოიმკის საუკუნო სიცოცხლეს." თუ კი ხორცის სურვილებს გავყვებით, ჩვენ მხოლოდ ხორცის საქმეს გავაკეთებთ, რაც არის ცოდვები და უკანონობა და საბოლოოდ ვერ შევალთ ზეციურ სასუფეველში (გალათელთა 5:19-21). მაგრამ თუ კი სული წმინდის სურვილებს გავყვებით, ჩვენ მოვისხამთ სული წმინდის ცხრა ნაყოფს (გალათელთა 5:22-23).

დაე არ დავკარგოთ ჩვენი გული სიკეთის კეთებისას

ჩვენ ვისხამთ სულის ნაყოფს და ვხდებით ღმერთის ჭეშმარიტი შვილები, როდესაც რწმენაში ვმოქმედებთ და სული წმინდას მივყვებით. თუმცა, ადამიანის გულში არსებობს ჭეშმარიტების და არაჭეშმარიტების გული.

ჭეშმარიტების გული წინ გვიძღვება, რომ სული წმინდის სურვილებს გავყვეთ და ღმერთის სიტყვის მიხედვით ვიცხოვროთ. არაჭეშმარიტების გული კი ხორცის სურვილებისკენ გვიბიძგებს და ვცხოვრობთ სიბნელეში.

მაგალითად, უფლის დღის წმინდად შენახვა არის ათი მცნებიდან ერთ-ერთი, რომელსაც ღმერთის შვილები უნდა დაემორჩილონ. მაგრამ მორწმუნეს, რომელსაც მაღაზია აქვს და სუსტი რწმენა, შეიძლება გულში წინააღმდეგობის გრძნობა ჰქონდეს, იფიქროს, რომ მოგებას დაკარგავს თუ კი კვირა დღეს მაღაზიას დახურავს. აქ, ხორცის სურვილებმა შეიძლება აფიქრებინოს, „რა მოხდება თუ კი მაღაზიას ყოველ მეორე კვირა დღეს დავხურავ? ან, რა მოხდება თუ კი დილის ლოცვებს დავესწრები კვირა დღეს და ჩემი ცოლი საღამოს ლოცვებს დაესწრება? ასე მაღაზია მთელი დღე ღია იქნება." მაგრამ სული წმინდის სურვილები მას დაეხმარება ღმერთის სიტყვას დაემორჩილოს, გააგებინებს მას, „თუ კი უფლის დღეს წმინდად შევინახავ, ღმერთი უფრო მეტ მოგებას მომცემს, ვიდრე კვირაობით მაღაზიის გახსნა მომიტანს."

სული წმინდა ეხმარება ჩვენს უძლურებებს და თვით სულია ჩვენი მეოხი უთქმელი ოხვრით (რომაელთა 8:26). როდესაც ვანხორციელებთ ჭეშმარიტებას სული წმინდის დახმარებით, ჩვენ სიმშვიდე გვექნება გულში და ჩვენი რწმენა დღითი დღე უფრო გაიზრდება.

ბიბლიაში დაწერილი ღმერთის სიტყვა არის ჭეშმარიტება, რომელიც არასოდეს იცვლება; ის თვით სიკეთეა. იგი ღმერთის შვილებს აძლევს საუკუნო სიცოცხლეს და ეს არის სინათლე, რომელიც წინ უძღვება მათ საუკუნო ბედნიერებისა და სიხარულისაკენ. ღმერთის შვილებმა, რომლებსაც სული წმინდა უძღვება, უნდა ჯვარს აცვან ხორცი მის ძლიერ გრძნობასა და სურვილებთან ერთად. ისინი ასევე უნდა გაჰყვნენ სული წმინდის სურვილებს ღმერთის სიტყვის მიხედვით და სიკეთის

გაკეთებისას არ უნდა დაკარგონ თავიანთი გულები.

მათე12:35 ამბობს, „კეთილ კაცს კეთილი საუნჯისგან გამოაქვს კეთილი, და ბოროტ კაცს ბოროტი საუნჯისგან გამოაქვს ბოროტი.“ ამგვარად, ჩვენ უნდა განვდევნოთ ბოროტება ჩვენი გულებიდან მგზნებარე ლოცვებით და არ უნდა შევწყვიტოთ სიკეთის კეთება.

და გალათელთა 5:13-15-ში კი წერია, „ხოლო თქვენ, ძმანო, თავისუფლებისთვისა ხართ ხმობილნი, მაგრამ ხორციელ განცხრომას ნუ მოახმართ თავისუფლებას, არამედ სიყვარულით ემსახურეთ ერთმანეთს. რადგანაც მთელ რჯულს ეს ერთი მცნება მოიცავს: „გიყვარდეს მოყვასი შენი, ვითარცა თავი შენი.“ მაგრამ თუ ერთიმეორეს კბენთ და ჭამთ, ფრთხილად იყავით: შეიძლება სულაც ამოჭამოთ ერთმანეთი,“ და გალათელთა 6:1-2 ამბობს, „ძმანო, თუ კაცმა რაიმე ცოდვაში ჩაიდგა ფეხი, თქვენ, ვინცა ხართ სულიერნი, შეაგონეთ მას თვინიერების სულით; დაუკვირდი შენსავე თავს, რათა თავადაც არ ჩავარდე განსაცდელში. ერთმანეთის ტვირთი იტვირთეთ და ასე აღასრულეთ ქრისტეს რჯული.“

როდესაც ღმერთის ასეთ სიტყვებს მივყვებით, ჩვენ შეგვიძლია უხვად მოვისხათ სულის ნაყოფი და გავხდეთ სულის და მთლიანი სულის ადამიანები. შემდეგ, ჩვენ მივიღებთ ყველაფერს, რასაც ლოცვებში ვითხოვთ და შევალთ ახალ იერუსალიმში, ზეცის საუკუნო სასუფეველში.

1 იოანე 4:7-8

„საყვარელნო, გვიყვარდეს ერთმანეთი, რადგანაც სიყვარული ღვთისაგან არის; ვისაც უყვარს, ღვთისგანაა შობილი და იცნობს ღმერთს. ვისაც არ უყვარს, ვერ შეუცვნია ღმერთი, რადგანაც ღმერთი სიყვარულია."

თავი 2

სიყვარული

სულიერი სიყვარულის ყველაზე მაღალი დონე

ხორციელი სიყვარული დროთა განმავლობაში იცვლება

სულიერი სიყვარული გაიღებს საკუთარ სიცოცხლეს

ღმერთისადმი ჭეშმარიტი სიყვარული

სიყვარულის ნაყოფის მოსხმისათვის

სიყვარული

სიყვარული უფრო ძლიერია ვიდრე ადამიანს წარმოუდგენია. სიყვარულის ძალით, ჩვენ შეგვიძლია ვიხსნათ ის ადამიანები, რომლებიც სიკვდილის გზას ადგანან. სიყვარული მათ ახალ ძალას და გამხნევებას მისცემს. თუ ჩვენ დავმალავთ სხვა ადამიანების შეცდომებს სიყვარულის ძალით, გასაოცარი ცვლილებები მოხდება, რადგან ღმერთის საქმე მუშაობს სიყვარულით, სიკეთით, ჭეშმარიტებით და სამართლიანობით.

კონკრეტულმა სოციოლოგიის კვლევის ჯგუფმა ჩაატარა გამოკვლევა 200 სტუდენტზე, რომლებიც ბალტიმორის ქალაქის გაღარიბებულ გარემოში იყვნენ. ჯგუფმა დაასკვნა, რომ ამ სტუდენტებს წარმატების მცირე შანსი და მცირე იმედი ჰქონდათ. მაგრამ მათ მომდევნო კვლევა ჩაატარეს 25 წლის შემდეგ იგივე სტუდენტებზე და შედეგი გასაოცარი იყო. 200-დან 176 სტუდენტი გახდა სოციალურად წარმატებული პირი, როგორც იურისტები, ექიმები, მქადაგებლები ან ბიზნესმენები. რა თქმა უნდა მკვლევარებმა ჰკითხეს მათ, თუ როგორ დაძლიეს არახელსაყრელი გარემო, რომელშიც ცხოვრობდნენ და ყოველმა მათგანმა ახსენა კონკრეტული მასწავლებლის სახელი. ამ მასწავლებელს ჰკითხეს, თუ როგორ მოახერხა ასეთი გასაოცარი ცვლილების მოხდენა და მან თქვა, „მე უბრალოდ მიყვარდა ისინი, და მათ ეს იცოდნენ.“

რა არის სიყვარული, სული წმინდის ცხრა ნაყოფიდან პირველი ნაყოფი?

სულიერი სიყვარულის ყველაზე მაღალი დონე

ჩვეულებრივ, სიყვარული შეიძლება დაიყოს ორ კატეგორიად: ხორციელი სიყვარული და სულიერი სიყვარული. ხორციელი სიყვარული ეძებს საკუთარ

სარგებელს. ეს არის არაფრისმთქმელი, რომელიც დროთა განმავლობაში შეიცვლება. თუმცა, სულიერი სიყვარული ეძებს სხვა ადამიანების სარგებელს და არასოდეს იცვლება. 1 კორინთელთა 13 დეტალურად განმარტავს სულიერ სიყვარულს.

„სიყვარული სულგრძელია და კეთილმოწყალე; სიყვარულს არ შურს, არ ქედმაღლობს, არ ზვაობს; არ უკეთურობს, არ ეძებს თავისას, არ მრისხანებს, არ იზრახავს ბოროტს; არ შეჰხარის უსამართლობას, არამედ ჭეშმარიტებით ხარობს; ყველაფერს იტანს, ყველაფერი სწამს, ყველაფრის იმედი აქვს, ყველაფერს ითმენს" (სტროფები 4-7).

მაშინ რით განსხვავდება გალათელთა 5-ში და 1 კორინთელთა 13-ში ხსენებული სიყვარულის ნაყოფი? სიყვარული, როგორც სული წმინდის ნაყოფი, შეიცავს სამსხვერპლო სიყვარულს, რომლითაც ადამიანს შეუძლია საკუთარი სიცოცხლის გაწირვა. ეს არის სიყვარული, რომელიც უფრო მაღალი დონისაა, ვიდრე 1 კორინთელთა 13-ში განმარტული სიყვარული. ეს არის სულიერი სიყვარულის ყველაზე მაღალი დონე.

თუ ჩვენ მოვისხამთ სიყვარულის ნაყოფს და შეგვიძლია სხვებისთვის საკუთარი თავის გაწირვა, მაშინ ჩვენ შეგვიძლია გვიყვარდეს ნებისმიერი რამ და ნებისმიერი ადამიანი. ღმერთს ვუყვარდით ყველაფრით და უფალს ვუყვარდით მთელი თავისი ცხოვრებით. თუ ჩვენში ეს სიყვარული გვაქვს, ჩვენ შეგვიძლია ღმერთისთვის, მისი სასუფევლისთვის და მისი სამართლიანობისთვის საკუთარი სიცოცხლე გავწიროთ. გარდა ამისა, რადგან ჩვენ ღმერთი გვიყვარს, ასევე შეგვიძლია გვქონდეს სიყვარულის

ყველაზე მაღალი დონე, რომლითაც საკუთარ სიცოცხლეს არა მარტო ძმებისთვის, არამედ მტრებისთვისაც კი გავწირავთ, რომლებსაც ჩვენ ვძულვართ.

1 იოანე 4:20-21 ამბობს, „თუ ვინმე ამბობს, ღმერთი მიყვარსო, თავისი ძმა კი სძულს ცრუა, ვინაიდან თუ თავისი ძმა არ უყვარს, რომელსაც ხედავს როგორღა შეიყვარებს ღმერთს რომელსაც ვერ ხედავს? და ასეთი მცნება გვაქვს მისგან: ვისაც ღმერთი უყვარს თავისი ძმაც უნდა უყვარდეს." ამგვარად, თუ კი ღმერთი გვიყვარს, ჩვენ ყველა გვეყვარება. თუ ჩვენ ვამბობთ რომ ღმერთი გვიყვარს, როდესაც ვინმე გვძულს, მაშინ ეს ტყუილია.

ხორციელი სიყვარული დროთა განმავლობაში იცვლება

როდესაც ღმერთმა პირველი ადამიანი, ადამი შექმნა, მას იგი სულიერი სიყვარულით უყვარდა. მან აღმოსავლეთით შექმნა ლამაზი ბაღი, ედემი და ადამი იქ ცხოვრობდა და არაფერი აკლდა. ღმერთი დადიოდა მასთან ერთად. ღმერთმა მას არა მარტო ედემის ბაღი მისცა, რომელიც გასაოცარი საცხოვრებელი ადგილი იყო, არამედ ძალაუფლებაც, რომ დედამიწაზე და ედემის ბაღში ყველაფერი გაეკონტროლებინა და ემართა.

ღმერთმა ადამს სულიერი სიყვარული უხვად მისცა. მაგრამ ადამი ჭეშმარიტად ვერ გრძნობდა ღმერთის სიყვარულს. ადამს არასოდეს გამოეცადა სიძულვილი ან ხორციელი სიყვარული, რომელიც იცვლება, ამიტომ მან ვერ გააცნობიერა, თუ როგორი ძვირფასი იყო ღმერთის სიყვარული. დიდი ხნის შემდეგ, ადამი გველმა შეაცდინა და იგი არ დაემორჩილა ღმერთის სიყვარულს. მან შეჭამა ღმერთის მიერ აკრძალული ხილი (დაბადება 2:17; 3:1-6).

შედეგად, ცოდვა შევიდა ადამის გულში და იგი გახდა

ხორცის ადამიანი, რომელსაც ღმერთან კავშირი აღარ შეეძლო. მას ასევე აღარ შეეძლო ედემის ბაღში ცხოვრება და დედამიწაზე გამოიდევნა. როდესაც ადამიანის გაშენების პროცესში იყვნენ (დაბადება 3:23), ყველა ადამიანმა, რომლებიც ადამის შთამომავლები იყვნენ, გაიგო და გამოცადა ფარდობითობა სიყვარული საწინააღმდეგო გრძნობების გამოცდით, როგორიც არის სიძულვილი, შური, ტკივილი, მწუხარება და ავადმყოფობა. ამასობაში ისინი უფრო და უფრო მეტად ჩამოცილდნენ სულიერ სიყვარულს. როდესაც მათი გულები ხორციელ გულებად შეიცვალა ცოდვების გამო, მათი სიყვარული გახდა ხორციელი სიყვარული.

დიდი დრო გავიდა ადამის დაცემის შემდეგ და დღეს, ამ სამყაროში კიდევ უფრო რთულია სულიერი სიყვარულის პოვნა. ხალხი საკუთარ სიყვარულს სხვადასხვა გზით გამოხატავს, მაგრამ მათი სიყვარული არის ხორციელი სიყვარული, რომელიც დროთა განმავლობაში იცვლება. რაც დრო გადის და სიტუაციები და გარემოებები იცვლება, ისინი აზრს იცვლიან და ზურგს აქცევენ საყვარელ ადამიანს, რადგან საკუთარ სარგებელზე ზრუნავენ. ასევე მხოლოდ მაშინ გასცემენ, როდესაც ჯერ ვინმესგან რაიმეს მიიღებენ ან როდესაც ეს მათთვის სასარგებლოა. თუ შენ გსურს, რომ მიიღო იმდენი, რამდენსაც გასცემ, ან თუ კი იმედგაცრუებული ხარ, როდესაც სხვები არ გაძლევენ უკან იმას, რასაც მათგან ელი, ესეც ხორციელი სიყვარულია.

როდესაც კაცი და ქალი ერთმანეთს ხვდებაინ, მათ შეიძლება თქვან, რომ „ერთმანეთი სამუდამოდ ეყვარებათ“ და რომ „ერთმანეთის გარეშე ცხოვრება არ შეუძლიათ.“ თუმცა, ხშირს შემთხვევაში ისინი აზრს იცვლიან დაქორწინების შემდეგ. დროთა განმავლობაში ისინი იწყებენ ისეთი რაღაცეების შემჩნევას, რაც არ მოსწონთ

თავიანთ მეუღლეში. წარსულში, ყველაფერი კარგად გამოიყურებოდა და ისინი ცდილობდნენ ყველაფერში ერთმანეთისთვის სიამოვნების მინიჭებას, მაგრამ მათ ამის გაკეთება აღარ შეუძლიათ. ისინი შეიძლება გაბრაზდნენ, თუ კი მათი მეუღლე იმას არ აკეთებს, რაც მათ სურთ. მხოლოდ რამდენიმე ათეული წლის წინათ, განქორწინება იშვიათი იყო, მაგრამ ახლა განქორწინება ხდება ძალიან ადვილად და დაქორწინებიდან ძალიან მალე. და მაინც, ყოველ ჯერზე ისინი იძახიან, რომ მეორე ადამიანი ჭეშმარიტად უყვართ. ეს არის ტიპიური ხორციელი სიყვარული.

სიყვარული მშობლებსა და შვილებს შორის დიდად არ განსხვავდება. რა თქმა უნდა, ზოგი მშობელი საკუთარ სიცოცხლესაც კი გასწირავს საკუთარი შვილისთვის, მაგრამ მაშინაც კი თუ ამას გააკეთებენ, ეს არ არის სიყვარული თუ ასეთ სიყვარულს მხოლოდ საკუთარ შვილებს აძლევენ. თუ კი სულიერი სიყვარული გვაქვს, ჩვენ შეგვიძლია ასეთი სიყვარულის გაცემა არა მარტო ჩვენი შვილებისთვის, არამედ ყველასთვის. მაგრამ სამყარო რაც უფრო ბოროტი ხდება, უფრო იშვიათია იპოვნო ისეთი მშობლები, რომლებსაც სიცოცხლის გაწირვა შეუძლიათ საკუთარი შვილებისთვის. მრავალ მშობელს და შვილს აქვთ შუღლი ერთმანეთში ზოგი ფულადი სარგებლის ან აზრთა სხვაობის გამო.

და რაც შეეხება სიყვარულს მეგობრებს ან დედმამიშვილებს შორის, ბევრი დედმამიშვილი ხდება ერთმანეთის მტერი, თუ კი ფულის საქმეში გაეხვევიან. ხშირად იგივე რამ ხდება მეგობრებს შორის. მათ უყვართ ერთმანეთი, როდესაც ყველაფერი კარგად არის და რაიმეზე ეთანხმებიან ერთმანეთს. მაგრამ მათი სიყვარული იცვლება ნებისმიერ დროს, როგორც კი რაიმე განსხვავებული ხდება. ასევე, ხშირ შემთხვევაში ხალხს სურს იმდენი მიიღონ უკან,

რამდენსაც გასცემენ. როდესაც სასიყვარულო გრძნობა აქვთ, მათ შეიძლება გასცენ სარგებლის მიღების გარეშე. მაგრამ როგორც კი ეს გრძნობა განელდება, ისინი ნანობენ იმ ფაქტს, რომ გასცეს და უკან არაფერი მიუღიათ. საბოლოოდ ეს იმას ნიშნავს, რომ მათ სანაცვლოდ რაიმე სურდათ. ასეთი სიყვარული არის ხორციელი სიყვარული.

სულიერი სიყვარული გაიღებს საკუთარ სიცოცხლეს

ამაღელვებელია, როდესაც ვინმე საკუთარ სიცოცხლეს წირავს იმ ადამიანისათვის, რომელიც უყვარს. მაგრამ, თუ ჩვენ ვიცით, რომ სიცოცხლის გაწირვა მოგვიწევს ვინმესთვის, ეს რთულს ხდის რომ ის ადამიანი გვიყვარდეს. ამ გზით ადამიანის სიყვარული შეზღუდულია.

არსებობდა ერთი მეფე, რომელსაც ჰყავდა სასიამოვნო ვაჟი. მის სამეფოში, იყო ცნობილი მკვლელი, რომელსაც სიკვდილი მიესაჯა. ერთადერთი გზა, რომ დამნაშავემ იცოცხლოს, არის მის ადგილზე ვინმე უდანაშაულოს სიკვდილი. ამ შემთხვევაში, შეუძლია მეფეს საკუთარი შვილის სიცოცხლის გაწირვა მკვლელისთვის? ასეთი რამ არასოდეს მომხდარა ადამიანთა მოდგმის ისტორიაში. მაგრამ შემოქმედმა ღმერთმა, რომლის შედარებაც შეუძლებელია ამ სამყაროს ნებისმიერ მეფესთან, გასცა თავისი ერთადერთი ძე ჩვენთვის. მას ჩვენ ასე ვუყვარვართ (რომაელთა 5:8).

ადამის ცოდვის გამო, მთელი ადამიანთა მოდგმა სიკვდილის გზაზე მიდიოდა ცოდვის საზღაურის გადასახდელად. იმისათვის, რომ ადამიანთა მოდგმა გადარჩენილიყო და ზეცაში წასულიყვნენ, მათი ცოდვის პრობლემა უნდა მოგვარებულიყო. ამ ცოდვის პრობლემის

მოსაგვარებლად, რომელიც ღმერთსა და ადამიანთა მოდგმას შორის იყო, ღმერთმა გამოგზავნა თავისი ერთადერთი ძე, რათა ადამიანების ცოდვების საზღაური გადაეხადა.

გალათელთა 3:13 ამბობს, „წყეულია ყველა, ვინც ჰკიდია ძელზე." იესო ეკიდა ხის ჯვარზე, რათა ჩვენ გავეთავისუფლებინეთ რჯულის წყევლისგან, რომელიც ამბობს, „ცოდვის საზღაური არის სიკვდილი" (რომაელთა 6:23). ასევე, რადგან მიტევება სისხლის დაღვრის გარეშე არ არსებობს (ებრაელთა 9:22), მან დაღვარა თავისი წყალი და სისხლი. იესომ ჩვენს მაგივრად მიიღო სასჯელი და ყველა იმ ადამიანს, რომელსაც მისი სწამს, მიეტევება ცოდვები და მიიღებს საუკუნო სიცოცხლეს.

ღმერთმა იცოდა, რომ ცოდვილები არასწორად მოექცეოდნენ და დასცინებდნენ და საბოლოოდ ჯვარს აცვამდნენ იესოს, რომელიც ღმერთის ძეა. მიუხედავად ამისა, ცოდვილი ადამიანთა მოდგმის გადასარჩენად, ღმერთმა დედამიწაზე გამოგზავნა იესო.

1 იოანე 4:9-10 ამბობს, „ღვთის სიყვარული იმით გამოგვეცხადა, რომ ღმერთმა თავისი მხოლოდშობილი ძე მოავლინა ამ ქვეყნად, რათა მისი წყალობით ვცხონდეთ. სიყვარული ისაა, რომ ჩვენ კი არ შევიყვარეთ ღმერთი, არამედ მან შეგვიყვარა ჩვენ, და მოავლინა თავისი ძე ჩვენი ცოდვების მალხინებლად."

ღმერთმა დაამტკიცა თავისი ჩვენდამი სიყვარული მისი ერთადერთი ძის დედამიწაზე გამოგზავნით. იესომ აჩვენა თავისი სიყვარული საკუთარი თავის ჯვარზე გაწირვით, რათა ადამიანები ცოდვებისგან გამოესყიდა. ღმერთის ეს სიყვარული არის საუკუნოდ უცვლელი სიყვარული.

ღმერთისადმი ჭეშმარიტი სიყვარული

ჩვენც შეგვიძლია გვქონდეს ასეთი დონის სიყვარული? 1 იოანე 4:7-8-ში წერია, „საყვარელნო, გვიყვარდეს ერთმანეთი, რადგანაც სიყვარული ღვთისაგან არის; ვისაც უყვარს, ღვთისგანაა შობილი და იცნობს ღმერთს. ვისაც არ უყვარს, ვერ შეუცვნია ღმერთი, რადგანაც ღმერთი სიყვარულია."

თუ ჩვენ ვიცით არა მარტო როგორც ცოდნა, არამედ გულის სიღრმეში ვგრძნობთ იმ სიყვარულს, რომელიც ღმერთმა მოგვცა, ჩვენ ბუნებრივად გვეყვარება ღმერთი ჭეშმარიტად. ჩვენს ქრისტიანულ ცხოვრებაში, შეიძლება მრავალი გასაჭირი შეგვხვდეს ან ისეთ სიტუაციაში აღმოვჩნდეთ, სადაც მთელს ქონებას და ყველაფერ ძვირფასს დავკარგავთ. ასეთ სიტუაციებშიც კი, ჩვენი გულები არ შეირყევა მანამ სანამ ჭეშმარიტი სიყვარული გვაქვს ჩვენში.

მე თითქმის დავკარგე ჩემი სამი ძვირფასი ქალიშვილი. კორეაში 30-ზე მეტი წლის წინ, გათბობისთვის ხალხი ნახშირის ბრიკეტებს იყენებდა. ხშირად ნახშირბადის მონოქსიდის გაზი უბედურ შემთხვევებს იწვევდა. ეს მოხდა ზუსტად ეკლესიის გახსნის შემდეგ და ჩვენ ეკლესიის შენობის სარდაფში ვცხოვრობდით. ჩემი სამი ქალიშვილი, ერთ ახალგაზრდა კაცთან ერთად, ნახშირბადის მონოქსიდის გაზით მოიწამნენ. ისინი მთელი ღამის განმავლობაში გაზს ისუნთქავდნენ და მათი გამოჯანმრთელების იმედი აღარ იყო.

ჩემი გრძნობადაკარგული ქალიშვილების შემხედვარეს არც დამწუხრება მიგრძვნია და არც უკმაყოფილების გრძნობა გამომიხატავს. მე მხოლოდ მადლობელი ვიყავი, რომ ისინი ზეცაში მშვიდად იცხოვრებდნენ, სადაც არ არსებობს ცრემლები, მწუხარება ან ტკივილი. მაგრამ რადგან ახალგაზრდა კაცი იყო უბრალოდ ეკლესიის წევრი,

მე ვთხოვე ღმერთს, რომ გაეცოცხლებინა ეს კაცი, რათა ღმერთის სახელი არ შერცხვენილიყო. მე ხელები დავადე ახალგაზრდა კაცს და ვილოცე მისთვის. და შემდეგ, მე ვილოცე ჩემი უმცროსი ქალიშვილისთვის. როდესაც მისთვის ვლოცულობდი, ახალგაზრდა კაცი გონს მოვიდა. როდესაც მეორე ქალიშვილისთვის ვლოცულობდი, მესამე გონს მოვიდა. მალე პირველი და მეორე ქალიშვილიც გამოფხიზლდნენ. ისინი ისე გამოჯანმრთელდნენ, რომ გვერდითი მოვლენებიც კი არ ჰქონიათ. და სამივე მათგანი დღეს ეკლესიაში პასტორები არიან.

თუ ღმერთი გვიყვარს, ჩვენი სიყვარული არასოდეს შეიცვლება. ჩვენ უკვე მივიღეთ მისი სამსხვერპლო სიყვარული, თავისი ერთადერთი ძის განწირვით და ამგვარად ჩვენ არ გვაქვს მიზეზი იმისა, რომ მის სიყვარულში ეჭვი შეგვეპაროს. ჩვენ მხოლოდ შეგვიძლია, რომ იგი უცვლელად გვიყვარდეს. ჩვენ შეგვიძლია, რომ მას მთლიანად ვენდოთ და ჩვენი ცხოვრებით მისი ერთგულები ვიყოთ.

ეს დამოკიდებულება არც მაშინ შეიცვლება, როდესაც სხვა სულებზე ვზრუნავთ. 1 იოანე 3:16 ამბობს, „იმით შევიცანით სიყვარული, რომ მან თავისი სული დადო ჩვენთვის; ჩვენც გვმართებს ძმებისათვის სულის დადება." თუ ჩვენ გავაშენებთ ღმერთისადმი ჭეშმარიტ სიყვარულს, ჩვენ ჩვენი ძმები ჭეშმარიტი სიყვარულით გვეყვარება. ეს იმას ნიშნავს, რომ საკუთარ სარგებელზე არ ვიზრუნებთ და ამგვარად ყველაფერს გავცემთ რაც კი გაგვაჩნია და სანაცვლოდ არაფერი გვენდომება. ჩვენ გავწირავთ საკუთარ თავებს წმინდა მოტივებით და მთელს ჩვენს ქონებას სხვებს მივცემთ.

დღემდე მე მრავალი გაჭირვება შემხვდა რწმენის გზაზე. მე იმ ადამიანებმა მიღალატეს, რომლებმაც მრავალი რამ

მიიღეს ჩემგან და რომლებსაც საკუთარ ოჯახის წევრებად ვთვლიდი. ზოგჯერ ადამიანები ვერ მიგებდნენ და ჩემკენ თითს იშვერდნენ.

მიუხედავად ამისა, მე მათ სიკეთით ვექცეოდი. მე ყველაფერი ღმერთს მივანდე და ვილოცე, რომ ასეთ ადამიანებს მიუტევებდა თავისი სიყვარულითა და თანაგრძნობით. მე არც ის ადამიანები არ მძულდნენ, რომლებიც ეკლესიაში სირთულეებს იწვევდნენ და რომლებმაც ეკლესია დატოვეს. უბრალოდ მსურდა, რომ მათ მოენანიებინათ და უკან დაბრუნებულიყვნენ. როდესაც ამ ადამიანებმა მრავალი ბოროტება ჩაიდინეს, ამან გამოიწვია ძლიერი გამოცდები ჩემთვის. მიუხედავად ამისა, ვეცადე მათ მხოლოდ სიკეთით მოვპყრობოდი, რადგან მე მწამდა, რომ ღმერთს ვუყვარდი და რადგან მე ისინი ღმერთის სიყვარულით მიყვარდა.

სიყვარულის ნაყოფის მოსხმისათვის

როდესაც ჩვენს გულებს გავწმენდთ ცოდვების, ბოროტების და უკანონობის განდევნით, ჩვენ სრულყოფილად მოვისხამთ სიყვარულის ნაყოფს. ჭეშმარიტი სიყვარული შეიძლება მოვიდა გულიდან, რომელიც ბოროტებისგან არის თავისუფალი. თუ კი ჭეშმარიტ სიყვარულს ვფლობთ, ჩვენ შეგვიძლია სხვებს სიმშვიდე მივანიჭოთ და მათ სირთულეებს არასოდეს შევუქმნით. ჩვენ ასევე გავუგებთ სხვა ადამიანების გულებს და მოვემსახურებით მათ. ჩვენ შევძლებთ მათ სიხარული მივანიჭოთ და დავეხმაროთ, რომ მათი სულები აყვავდეს, რათა ღმერთის სასუფეველი გაფართოვდეს.

ბიბლიაში, ჩვენ ვხედავთ, თუ როგორი სიყვარული ჰქონდათ გაშენებული რწმენის მამებს. მოსეს იმდენად

უყვარდა თავისი ხალხი, ისრაელი, რომ სურდა მათთვის ემსახურა მაშინაც კი, თუ ეს იმას ნიშნავდა, რომ მისი სახელი სიცოცხლის წიგნიდან ამოიშლებოდა (გამოსვლა 32:32).

პავლე მოციქულსაც უყვარდა უფალი უცვლელი გონებით იმ დროიდან მოყოლებული, როდესაც იგი მას შეხვდა. იგი გახდა მოციქული წარმართებისთვის და უამრავი წარმართი სული გადაარჩინა, და დააარსა ეკლესიები სამი მისიონერული მოგზაურობის დროს. მიუხედავად იმისა, რომ მისი გზა დამქანცავი და საფრთხით იყო სავსე, იგი ქადაგებდა იესო ქრისტეს სანამ წამებით არ მოკვდა რომში.

იგი მრავალ სიცოცხლისთვის საშის სიტუაციაში მოხვდა და ებრაელები დევნიდნენ მას. იგი ცემეს და ციხეში ჩააგდეს. გემის ჩაძირვის შემდეგ დღე და ღამ წყლის დინებას მიჰყვებოდა. მიუხედავად ამისა, არასოდეს უნანია გზა, რომელიც მან აირჩია. საკუთარ თავზე ზრუნვის მაგივრად, იგი ზრუნავდა ეკლესიაზე და მორწმუნეებზე მაშინაც კი, როდესაც მრავალ გაჭირვებაში იყო.

მან თავისი გრძნობები გამოხატა 2 კორინთელთა 11:28-29-ში, რომელიც ამბობს, „გარდა ამისა, ჩემი ყოველდღიური საფიქრალი – ზრუნვა ყველა ეკლესიაზე. ვინ უნდა დაუძლურდეს, რომ მასთან ერთად არ დავუძლურდე? ვინ უნდა დაეცეს, რომ ცეცხლი არ შემომენთოს?“

პავლე მოციქულს საკუთარი სიცოცხლეც კი არ დაუშურებია, რადგან მას მცხუნვარე სიყვარული ჰქონდა სულებისადმი. მისი უდიდესი სიყვარული კარგად არის გამოხატული რომაელთა 9:3-ში. აქ წერია, „ასე რომ, ვისურვებდი თვითონვე ვყოფილიყავი შეჩვენებული და ქრისტესაგან მოკვეთილი ჩემი ძმების, ჩემი სისხლისა და ხორცის გამო.“ აქ, „ჩემი ძმები“ არ ნიშნავს ოჯახს ან ნათესავებს. ეს გულისხმობს ყველა ებრაელს, იმათ

ჩათვლით, რომლებიც მას დევნიდნენ.

მას ურჩევნოდა, რომ მათ მაგივრად ჯოჯოხეთში წასულიყო თუ კი ეს მათ იხსნიდა. ეს არის ისეთი სიყვარული, რომელსაც იგი ფლობდა. ასევე, როგორც იოანე 15:13-ში წერია, „არავისა აქვს იმაზე დიდი სიყვარული, ვინც სულს დადებს თავისი მეგობრისთვის," პავლე მოციქულმა დაამტკიცა მისი ყველაზე მაღალი დონის სიყვარული თავისი მარტვილობით.

ზოგი ადამიანი ამბობს, რომ უფალი უყვარს, მაგრამ მათ რწმენის ძმები არ უყვართ. ეს ძმები მათი მტრებიც კი არ არიან, და არც სიცოცხლის გაწირვას სთხოვენ. მაგრამ უთანხმოება აქვთ მათთან უმნიშვნელო საკითხებზე. მაშინაც კი, როდესაც ღმერთის საქმეს აკეთებენ, მათ არასასიამოვნო გრძნობები აქვთ, როდესაც მათი აზრი განსხვავდება. ზოგი ადამიანი უგრძნობელია იმ ადამიანებთან დაკავშირებით, რომელთა სულიც ქკნება და კვდება. მაშ, შეგვიძლია ვთქვათ, რომ ასეთ ადამიანებს ღმერთი უყვართ?

ერთხელ განცხადება გავაკეთე მთელი მრევლის წინაშე. მე ვთქვი, „თუ კი ათასი სულის გადარჩენას შევძლებ, მზად ვიქნები მათ მაგივრად ჯოჯოხეთში მოვხვდე." რა თქმა უნდა, მე კარგად ვიცი თუ როგორი ადგილია ჯოჯოხეთი. მე არასოდეს არ გავაკეთებ ისეთ რაღაცას, რაც შედეგად ჯოჯოხეთში გამიშვებს. მაგრამ თუ მე იმ სულების გადარჩენას შევძლებ, რომლებიც ჯოჯოხეთში მიდიან, მზად ვიქნები მათ მაგივრად მოვხვდე იქ.

ამ ათასში შეიძლება შედიოდეს ზოგი ჩვენი ეკლესიის წევრი. ეს ადამიანები შეიძლება იყვნენ ეკლესისს ლიდერები ან წევრები, რომლებიც არ ირჩევენ ჭეშმარიტებას და სიკვდილის გზას ადგანან ჭეშმარიტების

სიტყვის მოსმენის და ღმერთის ძალის ხილვის შემდეგაც კი. ასევე, ისინი შეიძლება იყვნენ ადამიანები, რომლებიც დევნიან ეკლესიებს საკუთარი გაუგებრობითა და ექვიანობით. ან კიდევ შეიძლება იყვნენ საწყალი სულები აფრიკაში, რომელბიც საშინლად მშივრები არიან სამოქალაქო ომის, შიმშილის და სიღარიბის გამო.

ზუსტად როგორც იესო მოკვდა ჩემთვის, მე შემიძლია საკუთარი სიცოცხლე გავწირო მათთვის. ეს იმიტომ არა, რომ მე ისინი მიყვარს როგორც ჩემი მოვალეობის ნაწილი, რადგან ღმერთი ამბობს რომ უნდა გვიყვარდეს ისინი. მე ჩემს მთელ ცხოვრებას და ენერგიას მათ ხსნას ვახარჯავ, რადგან ყოველი მათგანი ჩემს სიცოცხლეზე მეტად მიყვარს და არა მხოლოდ სიტყვებით. მე ამას იმიტომ ვაკეთებ, რომ ვიცი ეს არის მამა ღმერთის ყველაზე დიდი სურვილი, რომელსაც მე ვუყვარვარ.

ჩემი გონება სავსეა ისეთი ფიქრებით, როგორიც არის, „როგორ შევძლო სახარების ქადაგება კიდევ უფრო მეტ ადგილას?“ „როგორ მოვახდინო ღმერთის ძალის კიდევ უფრო დიდებული ჩვენება, რათა უფრო მეტმა ადამიანმა ირწმუნოს?“ „როგორ გავაგებინო მათ ამ სამყაროს უაზროობა და წარვუძღვე ზეციური სასუფევლისაკენ?“

მოდით საკუთარ თავებს გადავხედოთ, თუ რამდენად არის ღმერთის სიყვარული ჩვენში ჩაბეჭდილი. ეს არის სიყვარული, რომლითაც მან თავისი ერთადერთი ძე გასწირა. თუ კი მისი სიყვარულით სავსენი ვართ, ჩვენ გვეყვარება ღმერთი და სულები მთელი გულით. ეს არის ჭეშმარიტი სიყვარული. და, თუ გავაშენებთ ამ სიყვარულს სრულყოფილად, ჩვენ შევძლებთ ახალ იერუსალიმში შესვლას, რომელიც სიყვარულის კრისტალოიდია. მე იმედი მაქვს, რომ ყოველი თქვენთაგანი შეძლებს ღმერთთან და უფალთან საუკუნო სიყვარულის გაზიარებას.

ფილიპელთა 4:4

"მარადჟამ იხარეთ უფალში, და კვლავაც ვიტყვი: იხარეთ."

თავი 3

სიხარული

სიხარულის ნაყოფი
მიზეზი, თუ რატომ ქრება პირველი სიყვარულის
სიხარული
როდესაც სულიერ სიხარულს მოისხამ
თუ კი გსურს, რომ სიხარულის ნაყოფი მოისხა
გლოვა სიხარულის ნაყოფის მოსხმის შემდეგაც კი
იყავი პოზიტიური და ყველაფერში სიკეთეს
მიჰყევი

სიხარული

სიცილი ამსუბუქებს სტრესს, რისხვას და დაძაბულობას, ამგვარად ეს ეს ხელს უწყობს გულის შეტევის და მოულოდნელი სიკვდილის თავიდან აცილებას. ეს ასევე აუმჯობესებს სხეულის იმუნიტეტს, ამგვარად აქვს პოზიტიური ეფექტები ინფექციების თავიდან აცილებისა, როგორიც არის გრიპი ან კიდევ კიბო. სიცილს უდავოდ აქვს პოზიტიური ეფექტები ჩვენს ჯანმრთელობაზე და ღმერთიც ასევე გვეუბნება, რომ ყოველთვის უნდა ვიხაროთ. ზოგმა შეიძლება თქვას, „როგორ უნდა გავიხარო, როდესაც არაფერია სასიხარულო?" მაგრამ, რწმენის ადამიანებს ყოველთვის შეუძლიათ გახარება უფალში, რადგან მათ სწამთ, რომ ღმერთი გაჭირვებაში დაეხმარებათ და საბოლოოდ წავლენ ზეციურ სასუფეველში, საადაც საუკუნო სიხარულია.

სიხარულის ნაყოფი

სიხარული არის „ძლიერი და განსაკუთრებით აღმაფრთოვანებელი ან გამახარებელი ბედნიერება." თუმცა, სულიერი სიხარული არ არის უბრალოდ აღმაფრთოვანებლად ბედნიერად ყოფნა. ურწმუნოებიც სიხარულით სავსენი არიან, როდესაც რაიმე კარგი ხდება, მაგრამ ეს მხოლოდ დროებითია. მათი სიხარული ქრება, როდესაც რაიმე სირთულეს გადაეყრებიან. მაგრამ თუ კი გულებში სიხარულის ნაყოფს მოვისხამთ, ჩვენ შევძლებთ სიხარულს და ნებისმიერ სიტუაციაში გახარებულები ვიქნებით.

1 თესალონიკელთა 5:16-18-ში წერია, „მარადის ხარობდეთ. გამუდმებით ილოცეთ. მადლიერნი იყავით ყველაფრისათვის, რადგანაც ესაა თქვენს მიმართ ნება ღვთისა ქრისტე იესოში." სულიერი სიხარული არის ყოველთვის გახარებულად ყოფნა და ნებისმიერ

გარემოებაში მადლიერების გრძნობა. სიხარული არის ერთ-ერთი ყველაზე ცხადი და ნათელი იმ კატეგორიებიდან, რომლითაც ჩვენ შეგვიძლია გავზომოთ და შევამოწმოთ, თუ როგორი ქრისტიანული ცხოვრებით ვცხოვრობთ.

ზოგი მორწმუნე უფლის გზას მიუყვება სიხარულითა და ბედნიერები, როდესაც სხვებს არ აქვთ ჭეშმარიტი სიხარული და მადლიერება, მიუხედავად იმისა, რომ ისინი შეიძლება დიდი ძალისხმევით ცდილობდნენ თავიანთ რწმენაში. ისინი ესწრებიან ქადაგებებს, ლოცვას და ასრულებენ თავიანთ ეკლესიის მოვალეობებს, მაგრამ ისინი ამ ყველაფერს ისე აკეთებენ, თითქოს მოვალეობას ასრულებენო. და თუ კი რაიმე პრობლემას წააწყდებიან, იმ მცირე სიმშვიდესაც კი კარგავენ, რომელიც ჰქონდათ და მათი გულები ნერვიულობისგან ირყევა.

თუ კი არსებობს პრობლემა, რომლის მოგვარებაც საკუთარი ძალით არ შეგიძლია, ამ დროს შეგიძლია შეამოწმო ხარ თუ არა გულის სიღრმიდან სიხარულით სავსე. ასეთ სიტუაციაში, რატომ არ იხედები სარკეში? ეს ასევე შეიძლება გახდეს საზომი, რომ შეამოწმო, თუ რამდენად მოისხი სიხარულის ნაყოფი. ფაქტობრივად, მხოლოდ იესო ქრისტეს მწყალობლობა თავისი სისხლით ჩვენი გადარჩენის, საკმარისზე მეტია, რომ ნებისმიერ შემთხვევაში სიხარულით ვიყოთ სავსენი. ჩვენ წინასწარ გვქონდა დანიშნული ჯოჯოხეთის ცეცხლში ჩავარდნა, მაგრამ იესო ქრისტეს სისხლით შევძელით ზეციურ სასუფეველში წასვლა, რომელიც ბედნიერებითა და სიმშვიდით არის სავსე. მხოლოდ ეს ფაქტი გვაძლევს სიტყვებით აღუწერელ ბედნიერებას.

გამოსვლის შემდეგ, როდესაც ისრაელის ვაჟებმა წითელი ზღვა გადალახეს მშრალი ხმელეთით და ეგვიპტელების არმიისგან გათავისუფლდნენ, როგორ

დიდებულად გაიხარეს მათ? ბედნიერებით სავსე ქალებმა იცეკვეს დოლებით და ყველა ადამიანმა ადიდა ღმერთი (გამოსვლა 15:19-20).

ამგვარად, როდესაც ადამიანი უფალს იღებს, მას აქვს გამოუთქმელი სიხარული ხსნის გამო და მას ყოველთვის შეუძლია იმღეროს დიდებით, მაშინაც კი, როდესაც იგი დაღლილია მთელი დღის მუშაობის შემდეგ. მაშინაც კი, როდესაც მას დევნიან უფლის სახელის გამო ან გაჭირვებაშია მიზეზის გარეშე, იგი უბრალოდ ბედნიერია ზეციურ სასუფეველზე ფიქრით. თუ კი ეს სიხარული გაგრძელდება და შენარჩუნდება, იგი მალე სრულყოფილად მოისხამს სიხარულის ნაყოფს.

მიზეზი, თუ რატომ ქრება პირველი სიყვარულის სიხარული

თუმცა, სინამდვილეში, უამრავ ადამიანს არ რჩება პირველი სიყვარულის სიხარული. ზოგჯერ უფლის მიღების შემდეგ, სიხარული ქრება და მათი მადლიერების ემოციები იგივე აღარ არის. წარსულში, ისინი უბრალოდ ბედნიერები იყვნენ გაჭირვებაშიც უფალზე ფიქრით, მაგრამ მოგვიანებით ამოოვრა და გოდება დაიწყეს, როდესაც რაიმე სირთულეს წააწყდებიან. ეს ზუსტად ისრაელის ვაჟებივითაა, რომლებმაც ძალიან მალე დაივიწყეს ის სიხარული, რომელიც წითელი ზღვის გადალახვის შემდეგ ჰქონდათ და ღმერთთან ჩიოდნენ და მოსეს წინააღმდეგ იყვნენ, როდესაც სირთულეები შეხვდათ.

რატომ იცვლება ხალხი ასე? ეს იმიტომ ხდება, რომ მათ გულში ხორცი აქვთ. აქ ხორცს აქვს სულიერი მნიშვნელობა. ეს გულისხმობს ბუნებას ან მახასიათებელს, რომელიც სულის საწინააღმდეგოა. „სული“ არის რაღაც, რაც ეკუთვნის

შემოქმედ ღმერთს, რომელიც არის ლამაზი და უცვლელი, როდესაც „ხორცი“ არის ისეთი რაღაცის მახასიათებელი, რომელიც დაშორებულია ღმერთისგან. ეს არის ისეთი რამ, რაც წარმავალია. ამგვარად, ყველა ცოდვა, როგორიც არის უკანონობა, უსამართლობა და არაჭეშმარიტება, არის ხორცი. ის ადამიანები, რომლებსაც ხორცის ასეთი მახასიათებლები ქვთ, დაკარგავენ თავიანთ სიხარულს, რომელიც ერთ დროს მათ მთელს გულს ავსებდა. ასევე, რადგან მათ აქვთ ცვალებადი ბუნებები, ეშმაკი და სატანა ეცდებიან გამოიწვიონ არახელსაყრელი სიტუაციები, ამ ცვალებადი ბუნების აღელვებით.

პავლე მოციქული ცემეს და ციხეში ჩააგდეს, როდესაც სახარებას ქადაგებდა. მაგრამ იგი ლოცულობდა და ადიდებდა ღმერთს ნერვიულობის გარეშე, და შემდეგ დიდი მიწისძვრა მოხდა და ციხეს კარიბჭეები გაიღო. გარდა ამისა, ამ შემთხვევით, მან მრავალი ურწმუნო გააქრისტიანა. მას სიხარული არანაირ გაჭირვებაში არ დაუკარგავს და მორწმუნეებს ეუბნებოდა, „მარადჟამ იხარეთ უფალში, და კვლავაც ვიტყვი: იხარეთ. თვინიერება თქვენი, დაე, იცოდეს ყოველმა კაცმა. უკვე ახლოა უფალი. ნუ შეგაურვებთ ნურავითარი საზრუნავი, არამედ ლოცვა-ვედრებისას თქვენი სათხოვარი მადლიერებით გაუმჟღავნეთ ღმერთს“ (ფილიპელთა 4:4-6).

თუ შენ ხარ საზარელ სიტუაციაში, რატომ არ შესწირავ მადლიერების ლოცვას, როგორც ეს პავლე მოციქულმა გააკეთა? ღმერთი ნასიამოვნები იქნება შენი რწმენის ქმედებით და სიკეთისთვის ყველაფერში იმოქმედებს.

როდესაც სულიერ სიხარულს მოისხამ

დავითი ახალგაზრდობიდან ბრძოლობდა ბრძოლის ველებზე თავისი ქვეყნისთვის. მან მიიღო ღირსების

ორდენები მრავალ სხვადასხვა ომში. როდესაც მეფე საული ბოროტი სულებისგან იტანჯებოდა, მან არფაზე დაუკრა, რათა მეფისთვის სიმშვიდე მიეცა. მას არასოდეს დაურღვევია მეფის ბრძანება. მიუხედავად ამისა, მეფე საული არ იყო დავითის მსახურების მადლიერი, მას იგი სძულდა, რადგან მისი შურდა. რადგან დავითი მრავალ ადამიანს უყვარდა, საულს ეშინოდა, რომ მას ტახტი წაერთმეოდა და გამოედევნა დავითს თავისი არმიით მის მოსაკლავად.

ასეთ სიტუაციაში, დავითი რასაკვირველია უნდა გაქცეულიყო საულისგან. ერთხელ, უცხო ქვეყანაში მისი სიცოცხლის გადასარჩენად, მან ისე გააკეთა, რომ თითქოს ავადმყოფი იყო. როგორ იგრძნობდი თავს, მის ადგილას რომ ყოფილიყავი? დავითი არასოდეს დამწუხრებულა; იგი ყოველთვის სიხარულით იყო სავსე. მან განაცხადა თავისი ღმერთისადმი წმენა ლამაზი ფსალმუნით.

„უფალი ჩემი მწყემსია, არაფერი არ მომაკლდება.
ხასხასა მოლზე დამასვენებს
და წყნარ წყლებზე წამიძღვება მე.
სულს დამიწყნარებს,
სიმართლის კვალზე დამაყენებს
თვისი სახელის გულისათვის.
შავეთის ველზეც
რომ ვიარო,
ბოროტისა არ მეშინია, რადგან შენა ხარ ჩემთან;
მანუგეშებენ შენი კვერთხი და შენი საყრდენი.
გააწყე ტაბლა ჩემს წინაშე
ჩემს მტერთა თვალწინ.
ზეთი სცხე ჩემს თავს; სავსეა თასი ჩემი პირთამდე.
ასე, სიკეთე და წყალობა დამდევს
კვალდაკვალ მთელი სიცოცხლე

და დავმკვიდრდები უფლის სახლში დღენი მრავალნი“ (ფსალმუნნი 22:1-6).

რეალობა იყო ეკლებიანი გზასავით, მაგრამ დავითს დიდებული რამ ჰქონდა შიგნით. ეს იყო მისი ცეცხლოვანი სიყვარული და უცვლელი ნდობა ღმერთში. ვერაფერი შეძლებდა მისი სიხარულის დამარცხებას. დავითი უდავოდ ისეთი ადამიანი იყო, რომელსაც სიხარულის ნაყოფი ჰქონდა მოსხმული.

დაახლოებით 41 წლის განმავლობაში, უფლის მიღების შემდეგ, მე არასოდეს დამიკარგავს პირველი სიყვარულის სიხარული. მე დღემდე მადლიერების გრძნობით ვცხოვრობ. შვიდი წლის განმავლობაში მრავალი ავადმყოფობისგან ვიტანჯებოდა, მაგრამ ღმერთის ძალამ განმკურნა ამ ყველაფრისგან. დაუყოვნებლივ გავხდი ქრისტიანი და დავიწყე სამშენებლო ადგილას მუშაობა. მე მქონდა შანსი უკეთესი სამსახური მეშოვნა, მაგრამ ვარჩიე მძიმე შრომა, რადგან ეს იყო ერთადერთი გზა, რომ უფლის დღე წმინდად შემენახა.

ყოველ დღე დილის ოთხ საათზე ვიღვიძებდი და განთიადის ლოცვების შეკრებებს ვესწრებოდი. შემდეგ შეფუთული ლანჩით სამსახურში მივდიოდი. სამსახურამდე მისვლამდე ავტობუსით დაახლოებით საათნახევარი მჭირდებოდა. დილიდან საღამომდე უნდა მემუშავა საკმარისი შესვენების გარეშე. ეს მართლაც ძალიან მძიმე შრომა იყო. უწინ არასოდეს მემუშავა ფიზიკურ სამუშაოზე და გარდა ამისა მრავალი წლის განმავლობაში ავად ვიყავი, ამიტომ ჩემთვის ადვილი სამუშაო არ ყოფილა.

სახლში სამსახურიდან დაახლოებით ღამის ათ საათზე ვბრუნდებოდი. სწრაფად ვიბანავებდი, შევჭამდი სადილს, ბიბლიას წავიკითხავდი და შუაღამეს დაძინებამდე

ვლოცულობდი. ჩემი მეუღლეც კარდაკარ გაყიდვაზე მუშაობდა პურის ფულის საშოვნელად, მაგრამ რთული იყო ჩვენთვის დავალიანების პროცენტის გადახდა, რომელიც ჩემი ავადმყოფობისას დაგვიგროვდა. სიტყვა სიტყვით რომ ვთქვა, ყოველ დღე საჭმლის ფულს ძლივს ვშოულობდით. მიუხედავად იმისა, რომ ფინანსურად ძალიან რთულ სიტუაციაში ვიყავი, ჩემი გული ყოველთვის სიხარულით იყო სავსე და როგორც კი შანსი მომეცემოდა, ყოველთვის სახარებას ვქადაგებდი.

მე ვიტყოდი ხოლმე, „ღმერთი ცოცხალია! შემომხედეთ! მე მხოლოდ სიკვდილ ველოდებოდი, მაგრამ ღმერთის ძალით მთლიანად განვიკურნე და ასეთი ჯანმრთელი გავხდი!“

რეალობა ძალიან რთული იყო და ფინანსურად გამომწვევი, მაგრამ ყოველთვის მადლიერი ვიყავი ღმერთის სიყვარულისა, რომელმაც სიკვდილისგან მიხსნა. ჩემი გული ყოველთვის ზეცის იმედით იყო სავსე. ღმერთის მოწოდების მიღების შემდეგ გავხდი პასტორი, მრავალი უბედურება გადამხდა და ისეთ რაღაცეებს გავუძელი, რასაც ადამიანი ვერ გაუძლებდა, მაგრამ ჩემი სიხარული და მადლიერება არასოდეს გამქრალა.

როგორ იყო ეს შესაძლებელი? ეს იმიტომ იყო შესაძლებელი, რომ მადლიერი გული კიდევ უფრო დიდ მადლიერებას ბადებს. მე ყოველთვის ისეთ რაღაცას ვეძებ, რისთვისაც ვილოცებ და ღმერთს მადლობას გადავუხდი. და არა მარტო მადლიერების ლოცვები, მე ასევე მსიამოვნებს ღმერთისთვის მადლიერების შესაწირების გაკეთება. გარდა იმისა, რომ ყოველ ქადაგებაზე ღმერთს მადლიერების შესაწირი გავუკეთე, მე ღმერთს მადლობას სხვა ყველაფრისთვის ვუხდიდი. მე მადლობას ვუხდიდი მას ეკლესიის წევრებისთვის, რომლებიც რწმენაში იზრდებიან;

იმისათვის, რომ საშუალება მომცა მედიდებინა იგი საზღვარგარეთული ლაშქრობებით; იმისათვის, რომ ეკლესია გაზარდა და ა.შ. მე სიხარულით სავსე ვარ მადლიერების შემთხვევების ძებნით.

ამგვარად, ღმერთმა მომცა კურთხევები და წყალობა, რათა გამეგრძელებინა მისთვის მადლობის გადახდა. თუ კი მხოლოდ მაშინ ვიქნებოდი მადლიერი, როდესაც ყველაფერი წარმატებულად მიდიოდა და წარუმატებელი შემთხვევების დროს არ ვყოფილიყავი მადლიერი, მე არ მექნებოდა ის ბედნიერება, რომლითაც დღეს ვიღებ სიამოვნებას.

თუ კი გსურს, რომ სიხარულის ნაყოფი მოისხა

პირველი, შენ უნდა განდევნო ხორცი.

თუ კი არ გვაქვს შური ან ეჭვიანობა, ჩვენ ისე გავიხარებთ, როდესაც სხვებს აქებენ, რომ თითქოს ჩვენ გვაქებდნენ. და პირიქით, რთულია ჩვენთვის სხვისი ბედნიერების და წარმატების ყურება, როდესაც შური და ეჭვიანობა გვაქვს. ჩვენ შეიძლება არაკომფორტული გრძნობები გვქონდეს სხვების მიმართ, ან სიხარული დავკარგოთ და დავდარდიანდეთ, რადგან შეიძლება თავი ცუდად ვიგრძნოთ სხვისი ბედნიერების გამო.

ასევე, თუ არ გვაქვს რისხვა ან გულისწყრომა, ჩვენ მხოლოდ სიმშვიდე გვექნება მაშინაც კი, როდესაც ვინმე უხეშად გვექცევა. ჩვენ მაშინ ვშფოთდებით და იმედგაცრუებულები ვართ, როდესაც ჩვენში ხორცი გვაქვს. ეს ხორცი არის ტვირთი, რომელიც გულს გვიმძიმებს. თუ კი გვაქვს საკუთარი სარგებლის ძებნის ბუნება, ჩვენ თავს ძალიან ცუდად და მტკივნეულად ვიგრძნობთ, როდესაც ჩანს თითქოს სხვებზე უფრო დიდი დანაკლისი გვაქვს.

რადგან ჩვენ გვაქვს ხორციელი თვისებები, ეშმაკი და

სატანა აღელვებენ ამ ხორციელ ბუნებას, რათა შექმნან სიტუაციები, სადაც ჩვენ ვერ გავიხარებთ. იმის გათვალისწინებით, რომ ხორცი გვაქვს, ჩვენ არ შეგვიძლია გვქონდეს სულიერი რწმენა და უფრო მეტი დარდი და ნერვიულობა გვექნება, რადგან ღმერთს ვერ მივენდობით. მაგრამ იმ ადამიანებს, რომლებიც ღმერთს ენდობიან, მაშინაც კი შეუძლიათ სიხარულით იყვნენ სავსენი, როდესაც სახლში საჭმელი არ აქვთ. ეს იმიტომ, რომ ღმერთი დაგვპირდა, რომ ყველაფერს მოგვცემდა რაც კი გვჭირდება, როდესაც მის სასუფეველს და სამართლიანობას მოვძებნით (მათე 6:31-33).

ის ადამიანები, რომლებსაც ჭეშმარიტი რწმენა აქვთ, ნებისმიერ გასაჭირში ყველაფერს ღმერთს მიანდობენ მადლიერების ლოცვებით. ისინი მოძებნიან ღმერთის სასუფეველს და სამართლიანობას მშვიდი გულით და შემდეგ სთხოვენ იმას, რაც სჭირდებათ. მაგრამ ის ადამიანები, რომლებიც არ ენდობიან ღმერთს და მხოლოდ საკუთარ აზრებსა და გეგმებს ეყრდნობიან, დაუდგრომელები გახდებიან. ის ადამიანები, რომლებსაც ბიზნესი აქვთ, წარმატებულები იქნებიან და მიიღებენ კურთხევებს, როდესაც სული წმინდის ხმას ცხადად გაიგებენ და გაჰყვებიან მას. მაგრამ, მანამ სანამ სიხარბე, მოუთმენლობა და არაჭეშმარიტების აზრები აქვთ, ისინი ვერ გაიგონებენ სული წმინდის ხმას და სირთულეები შეხვდებათ. ერთი სიტყვით რომ ვთქვათ, იმის ძირითადი მიზეზი, თუ რატომ ვკარგავთ სიხარულს, არის ხორციელი მახასიათბლები, რომლებიც ჩვენს გულებში გვაქვს. ჩვენ უფრო მეტი სულიერი სიხარული და მადლიერება გვექნება და ყველაფერში წარმატებულები ვიქნებით, როდესაც გულიდან ხორცს განვდევნით.

მეორე, ჩვენ ყველაფერში სული წმინდის სურვილებს

უნდა მივყვეთ.

სიხარული, რომელსაც ჩვენ ვეძებთ, არა ამქვეყნიური, არამედ ის სიხარულია, რომელიც ზემოდან მოდის, სახელდობრ სული წმინდის სიხარული. ჩვენ მხოლოდ მაშინ შეგვიძლია ვიყოთ მხიარულები, როდესაც ჩვენში სული წმინდა ხარობს. უპირველეს ყოვლისა, ჭეშმარიტი სიხარული მოდის, როდესაც ღმერთს გულით ვადიდებთ, ვლოცულობთ და მის სიტყვას ვინახავთ.

ასევე, თუ კი გავაცნობიერებთ ჩვენს შეცდომებს სული წმინდის შთაგონებით და გამოვასწორებთ მათ, როგორი ბედნიერები გავხდებით! ჩვენ უფრო მეტად ბედნიერები და მადლიერები ვართ, როდესაც საკუთარ „მეს" ვიპოვნით, რომელიც განსხვავდება ჩვენი წარსულის მესგან. ღმერთისგან მოცემული სიხარული ამ სამყაროს სიყვარულს ვერც კი შეედრება და არავის შეუძლია მისი წართმევა.

დამოკიდებული იმაზე, თუ რა გადაწყვეტილებებს გავაკეთებთ ჩვენს ყოველდღიურ ცხოვრებაში, ჩვენ შეიძლება სული წმინდის ან ხორცის სურვილებს გავყვეთ. თუ კი ყოველთვის სული წმინდის სურვილებს გავყვებით, სული წმინდა გაიხარებს ჩვენში და სიხარულით აგვავსებთ. 3 იოანე 1:4 ამბობს, „რა უნდა იყოს ჩემთვის უფრო სასიხარულო, ვიდრე იმის გაგება, თუ როგორ დადიან ჭეშმარიტებით ჩემი შვილები." როგორც ნათქვამია, ღმერთი ხარობს და გვაძლევს სიხარულს სული წმინდის სისავსეში, როდესაც ჩვენ ჭეშმარიტებას ვანხორციელებთ.

მაგალითად, თუ კი სურვილი, რომ საკუთარი სარგებელი ვეძებოთ და სურვილი, რომ სხვების სარგებელი ვეძებოთ, ერთმანეთს შეუერთდება, და ეს კონფლიქტი გაგრძელდება, ჩვენ დავკარგავთ სიხარულს. შემდეგ, თუ ჩვენ საბოლოოდ მხოლოდ საკუთარ სარგებელზე ვიზრუნებთ, ეს ისე იქნება, რომ თითქოს ის მივიღეთ რაც გვსურდა, მაგრამ ამით სულიერ სიხარულს ვერ მივაღწევთ.

მაგრამ სანაცვლოდ სინდისის ქენჯნა შეგვაწუხებს. მეორეს მხრივ, თუ კი სხვების სარგებელზე ვიზრუნებთ, ეს ისე იქნება, რომ თითქოს რაიმეს ვკარგავდეთ, მაგრამ ჩვენ ზემოდან მივიღებთ სიხარულს, რადგან სული წმინდა ხარობს. მხოლოდ ის ადამიანები, რომლებმაც შეიგრძნეს ასეთი სიხარული, გაიგებენ თუ როგორი კარგია ეს. ეს არის ის ბედნიერება, რომლის მოცემაც ამ ქვეყანაზე არაავის შეუძლია.

არსებობს ერთი ამბავი ორი ძმის შესახებ. უფროსი ძმა სადილის შემდეგ თავის ნაჭამს არ იღებს მაგიდიდან. უმცროსი კი ყოველთვის ალაგებს მაგიდას და თავს არაკომფორტულად გრძნობს. ერთ დღეს, როდესაც უფროსმა ჭამა და დატოვებას აპირებდა, უმცროსმა უთხრა, „შენი საკუთარი თეფში უნდა გარეცხო." „შენ შეგიძლია მათი გარეცხვა", ყოყმანის გარეშე უპასუხა უფროსმა და წავიდა თავის ოთახში. უმცროსს ეს სიტუაცია არ მოეწონა, მაგრამ მისი ძმა უკვე წასულიყო.

მან იცის, რომ მის უფროსს ძმას არ ჩვევია ჭამის შემდეგ ჭურჭლის გარეცხვა. ამიტომ, უმცროსს შეუძლია უბრალოდ სიხარულით ემსახუროს უფროსს მისი ჭურჭლის გარეცხვით. შემდეგ, შენ შეიძლება იფიქრო, რომ უმცროსს ყოველთვის მოუწევს ჭურჭლის გარეცხვა და უფროსი კი არ შეეცდება პრობლემის მოგვარებას. მაგრამ თუ კი სიკეთეში მოვიქცევით, ღმერთი არის ის, რომელიც მოახდენს ცვლილებებს. ღმერთი შეცვლის უფროსი ძმის გულს, რათა იფიქროს, „მაპატიე, რომ ყოველთვის ჩემს ძმას ვარეცხინებდი ჭურჭელს. ამიერიდან, ჩემსასაც და მის ჭურჭელსაც მე გავრეცხავ."

როგორც ზემოთ მოყვანით მაგალითშია ნათქვამი, თუ კი უბრალოდ ფულადი სარგებლის გამო ხორცის სურვილებს გავყვებით, ჩვენ ყოველთვის გვექნება დისკომფორტი.

მაგრამ სიხარულით სავსენი ვიქნებით, როდესაც სხვებს გულით მოვემსახურებით სული წმინდის სურვილების მიხედვით.

იგივე პრინციპი ეხება სხვა ყველა საქმეს. ერთხელ შეიძლება სხვებს კიცხავდი საკუთარი სტანდარტებით, მაგრამ თუ კი შენს გულს შეცვლი და სხვებს სიკეთით გაუგებ, შენ გექნება სიმშვიდე. რა ხდება, როდესაც ისეთ ადამიანს ხვდები, რომელსაც შენგან ძალიან განსხვავებული ხასიათები აქვს ან ადამიანს, რომლის აზრებიც შენი აზრებისგან განსხვავდება? ცდილობ მას თავი აარიდო თუ თბილად ღიმილით ესალმები? ურწმუნოების თვალსაზრისით, შეიძლება მათთვის უფრო კომფორტული იყოს თავი აარიდონ და ყურადღება არ მიაქციონ იმ ადამიანებს, რომლებიც არ მოსწონთ.

მაგრამ ის ადამიანები, რომლებიც სული წმინდის სურვილებს მიჰყვებიან, გაუღიმებენ ასეთ ხალხს მომსახურე გულით. როდესაც ყოველდღე ვკვდებით, რომ სხვებს კომფორტი შევუქმნათ (1 კორინთელთა 15:31), ჩვენ გამოვცდით, რომ ჭეშმარიტი სიმშვიდე და სიხარული ზემოდან მოდის. გარდა ამისა, ჩვენ ყოველთვის შევძლებთ ვისიამოვნოთ სიმშვიდითა და სიხარულით, თუ კი ჩვენ ის გრძნობაც არ გვაქვს, რომ ვინმე ან ვინმეს ხასიათები არ მოგვწონს.

ვთქვათ ეკლესიის წინამძღვარი გირეკავს, რომ მასთან ერთად სტუმრად წახვიდე ეკლესიის წევრთან, რომელმაც კვირის წირვა გამოტოვა, ან გთხოვს დასვენების დღეს კონკრეტულ ადამიანს სახარების ქადაგება ჩაუტარო. შენი გონების ერთ კუთხეში, შენ გსურს რომ დაისვენო და მეორე ნაწილს კი სურს ღმერთის საქმე შეასრულოს. შენს ნაბაზეა რომ აირჩიო ერთი გზა, მაგრამ ბევრი ძილი და შენი სხეულის კომფორტი, სულაც არ მოგცემს სიხარულს.

შენ შეგიძლია იგრძნო სული წმინდის სისავსე და სიხარული, როდესაც შენს დროს და ქონებას ღმერთის სამღვდელოებას მისცემ. როდესაც კიდევ და კიდევ სული წმინდის სურვილებს მიყვები, შენ არა მარტო დიდი სულიერი სიხარული გექნება, არამედ შენი გული შეიცვლება ჭეშმარიტ გულად. ამავე მოცულობით, შენ სიხარულის დამწიფებულ ნაყოფს მოისხამ და შენი სახე სულიერი სინათლით იკაშკაშებს.

მესამე, ჩვენ ბეჯითად უნდა დავთესოთ სიხარულისა და მადლიერების თესლი.

ფარმერმა მოსავალი რომ მომკას, მან უნდა დათესოს თესლი და მოუაროს მას. ანალოგიურად, სიხარულის ნაყოფის მოსასხამად, ჩვენ მადლიერების გარემოებებს ბეჯითად უნდა ვუყუროთ და ღმერთს მადლიერების შესაწირები უნდა გავუკეთოთ. თუ ჩვენ ვართ ღმერთის შვილები, რომლებსაც რწმენა აქვთ, მრავალი რამ არსებობს, რითითაც გავიხარებთ!

პირველი, ჩვენ გვაქვს ხსნის სიხარული, რომლის გაცვლაც არაფრით არის შესაძლებელი. ასევე, კეთილი ღმერთი არის ჩვენი მამა და იგი უვლის თავის შვილებს, რომლებიც ჭეშმარიტებაში ცხოვრობენ და პასუხობს მათ კითხვებს. მაშ, რამდენად ბედნიერები ვართ ჩვენ? თუ კი უფლის დღეს წმინდად შევინახავთ და შესაბამის საეკლესიო გადასახადს გადავიხდით, ჩვენ არ გადავეყრებით უბედურებებს მთელი წლის განმავლობაში. თუ ჩვენ ცოდვებს არ ჩავიდენთ და შევინახავთ ღმერთის მცნებებს და მისი სამეფოსთვის ერთგულად ვიმუშავებთ, მაშინ ყოველთვის კურთხევებს მივიღებთ.

მაშინაც კი, თუ გაჭირვებაში აღმოვჩნდებით, ყველანაირი პრობლემის პასუხი ბიბლიის 66 წიგნშია. თუ კი სირთულეები საკუთარი დანაშაულისგან შეგვექმნა, ჩვენ

შეგვიძლია მოვინანიოთ და შემოვბრუნდეთ ასეთი გზიდან, რათა ღმერთმა შეგვიწყალოს და მოგვცეს პრობლემების მოგვარების საშუალება. როდესაც საკუთარ თავს გადავხედავთ, თუ ჩვენი გული არ გვკიცხავს, ჩვენ შეგვიძლია უბრალოდ გავიხაროთ და ვიყოთ მადლიერები. მაშინ, ღმერთი ყველაფერს გააკეთებს, რომ სიმშვიდე დაგვიბრუნოს და უფრო მეტი კურთხევები მოგვცეს.

ჩვენ უნდა დავაფასოთ ღმერთის მოცემული წყალობა. ჩვენ უნდა ვიხაროთ და ყოველთვის მისი მადლიერები ვიყოთ.

გლოვა სიხარულის ნაყოფის მოსხმის შემდეგაც კი

მიუხედავად იმისა, რომ გულში სიხარულის ნაყოფს ვისხამთ, ჩვენ ზოგჯერ ვნაღვლიანდებით. ეს არის სულიერი დარდი, რომელიც ჭეშმარიტებაში ხდება.

პირველი, არსებობს სინანულის დარდი. თუ კი საკუთარი ცოდვების გამო გამოცდები გვაქვს, ჩვენ არ შეგვიძლია გავიხაროთ და მადლიერები ვიყოთ, რომ პრობლემები მოვაგვაროთ. თუ კი ადამიანს შეუძლია ცოდვის ჩადენის შემდეგაც გაიხაროს, ეს სიხარული არის ამქვეყნიური სიხარული, რომელსაც არაფერი ესაქმება ღმერთთან. ასეთ შემთხვევაში, ჩვენ ცრემლებით უნდა მოვინანიოთ და შემოვბრუნდეთ ამ არასწორი გზიდან. ჩვენ უნდა ვიფიქროთ, „როგორ ჩავიდინე ასეთი ცოდვა, როდესაც ღმერთის მწამს? როგორ მივატოვე ღმერთის მწყალობლობა?" შემდეგ, ღმერთი მიიღებს ჩვენს მონანიებას და იმის დასამტკიცებლად, რომ ცოდვის ბარიერი ჩამონგრეულია, იგი სიხარულს მოგვცემს. ჩვენ იმდენად მსუბუქად და კმაყოფილად ვიგრძნობთ თავს,

თითქოს ცაში დავფრინავდეთო და ახალი სიხარული და მადლიერება მოვა ჩვენზე მაღლიდან.

მაგრამ მონანიების გლოვა უდავოდ განსხვავდება დარდის ცრემლებისგან, რომელიც გაჭირვებებისა და უბედურებების ტკივილისგან არის გამოწვეული. მაშინაც კი, თუ ილოცებ ცრემლების ღვრით, ეს არის მხოლოდ ხორციელი გლოვა, მანამ სანამ შენ შენი სიტუაციის შესახებ გულისწყრომით ტირი. ასევე, თ კი უბრალოდ შეეცდები პრობლემებს გაექცე, რადგან სასჯელის გეშნია და სრულყოფილად არ შემობრუნდები შენი ცოდვებისგან, შენ ვერ მიიღებ ჭეშმარიტ სიხარულს. შენ ვერც იმას იგრძნობ, რომ ცოდვები მიგეტევა. თუ შენი გლოვა ჭეშმარიტი მონანიების გლოვაა, შენ უნდა განდევნო თვით ცოდვების ჩადენის სურვილი და შემდეგ მოისხა მონანიების შესაფერისი ნაყოფი. მხოლოდ ამის შემდეგ მიიღებ ზემოდან სულიერ სიხარულს.

შემდეგი, არსებობს გლოვა, რომელიც მაშინ გაქვს, როდესაც ღმერთი შეურაცხყოფილია ან იმ სულებისთვის, რომლებიც სიკვდილის გზას ადგანან. ეს არის ის დარდი, რომელიც სათანადოა ჭეშმარიტებაში. თუ კი ასეთი დარდი გაქვს, შენ მგზნებარედ ილოცებ ღმერთის სასუფევლისთვის. შენ ითხოვ სიწმინდეს და ძალას, რომ იხსნა სულები და გააფართოვო ღმერთის სასუფეველი. ამგვარად, ასეთი გლოვა ღმერთის თვალში მისაღები და სასიამოვნოა. თუ შენ ასეთი სულიერი გლოვა გაქვს, შენი გულის სიღრმეში სიხარული არ გაქრება. შენ არ დაკარგავ ძალას და მაინც გექნება მადლიერების და ბედნიერების გრძნობა.

რამდენიმე წლის წინ, ღმერთმა მაჩვენა იმ ადამიანის ზეციური საცხოვრებელი, რომელიც დიდი გლოვით ლოცულობს ღმერთის სასუფევლისა და ეკლესიისათვის.

მისი სახლი მორთული იყო ოქროთი და ძვირფასი ქვებით და განსაკუთრებით იქ იყო დიდი, ბრწყინვალე მარგალიტები. როგორც ხამანწკა მთელი ენერგიით ქმნის მარგალიტს, მან ლოცვაში იგლოვა, რათა დამსგავსებოდა უფალს და ლოცულობდა ღმერთის სასუფევლისთვის და სულებისთვის. ღმერთი უკან უხდის მას თავისი ცრემლიანი ლოცვებისთვის. ამგვარად, ჩვენ ყოველთვის ღმერთის წმენით უნდა ვიხაროთ და ასევე უნდა შევძლოთ მისი სასუფევლისთვის და სულებისთვის გლოვა.

იყავი პოზიტიური და ყველაფერი სიკეთეს მიჰყევი

როდესაც ღმერთმა პირველი ადამიანი, ადამი შექმნა, მან მას გულში სიხარული მისცა. მაგრამ სიხარული, რომელიც ადამს იმ დროს ჰქონდა, განსხვავდება სიხარულისგან, რომელსაც ჩვენ ვიღებთ დედამიწაზე ადამიანთა გაშენების პროცესის გავლით.

ადამი იყო ცოცხალი არსება, ან ცოცხალი სული, რაც იმას ნიშნავს, რომ მას არ ჰქონია ხორციელი მახასიათებლები და ამგვარად მას არ ჰქონია არაფერი, რაც სიხარულის საწინააღმდეგო იყო. სახელდობრ, მას არ ჰქონია ფარდობითობის კონცეპცია, რომ გაეცნობიერებინა სიხარულის ფასი. მხოლოდ იმ ადამიანებს შეუძლიათ გაიგონ თუ როგორი ძვირფასია ჯანმრთელობა, რომლებიც ავადმყოფობისგან იტანჯებოდნენ. მხოლოდ იმ ადამიანებს შეუძლიათ სიმდიდრის დაფასება, რომლებმაც სიღარიბე გამოცადეს.

ადამს არასოდეს გამოეცადა ტკივილი და მას არ შეეძლო გაეცნობიერებინა, თუ როგორი ბედნიერი ცხოვრებით ცხოვრობდა. მიუხედავად იმისა, რომ იგი სიამოვნებას იღებდა საუკუნო სიცოცხლით და ედემის ბაღის სიუხვით,

იგი გულის სიღრმიდან სიხარულით სავსე არ ყოფილა. მაგრამ აკრძალულის ხის ნაყოფის ჭამის შემდეგ, ხორცი შევიდა მის გულში და მან დაკარგა ის სიხარული, რომელიც ღმერთმა მისცა. რადგან მას ამ სამყაროს მრავალი ტკივილი შეხვდა, მისი გული აივსო დარდით, მარტოობით, გულისწყრომით და ნერვიულობით.

ჩვენ დედამიწაზე ყველანაირი ტკივილი გვაქვს გამოცდილი და ახლა უნდა დავიბრუნოთ ის სულიერი სიხარული, რომელიც ადამმა დაკარგა. ამის გასაკეთებლად, ჩვენ უნდა განვდევნოთ ხორცი, ყოველთვის მივყვეთ სული წმინდის სურვილებს, და ყველაფერში დავთესოთ მადლიერების და სიხარულის თესლი. აქ, თუ კი დადებით დამოკიდებულებას დავამატებთ და სიკეთეს გავყვებით, ჩვენ სრულყოფილად შევძლებთ სიხარულის ნაყოფის მოსხმას.

ამ სიხარულს მაშინ მივიღებთ, როდესაც გამოვცდით დედამიწის მრავალი რამის ფარდობით ურთიერთობებს, ადამისგან განსხვავებით, რომელიც ედემის ბაღში ცხოვრობდა. ამგვარად, სიხარული წარმოიშობა ჩვენი გულის სიღრმიდან და არასოდეს იცვლება. ჭეშმარიტი ბედნიერება, რომლითაც ზეცაში ვისიამოვნებთ, დედამიწაზე ჩვენში უკვე გაშენებულია. როგორ უნდა გამოვხატოთ სიხარული, რომელიც მაშინ გვექნება, როდესაც დავასრულებთ ჩვენს დედამიწურ ცხოვრებას და ზეცის სასუფეველში წავალთ?

ლუკა 17:21 ამბობს, „...ვერ იტყვიან: აგერ, აქ არის, ან კიდევ: აგერ, იქო. ვინაიდან, აჰა, ღმრთის სასუფეველი თვითონ თქვენშია." მე იმედი მაქვს, რომ გულში მალე მოისხამ სიხარულის ნაყოფს, რათა გასინჯო ზეცა დედამიწაზე და წარუძღვე ბედნიერებით სავსე ცხოვრებას.

ებრაელთა 12:14

„თქვენი ურთიერთობა ყველასთან მშვიდი იყოს და წმიდა, რის გარეშეც ვერავინ იხილავს უფალს."

თავი 4

მშვიდობა

სიმშვიდის ნაყოფი
სიმშვიდის ნაყოფის მოსხმისათვის
სიკეთის სიტყვები მნიშვნელოვანია
გონივრულად იფიქრე სხვისი ხედვის წერტილიდან
ჭეშმარიტი სიმშვიდე გულში
კურთხევები მშვიდობისმყოფელებისთვის

მშვიდობა

მარილის ნაწილაკები შეუმჩნეველია, მაგრამ გაკრისტალების შემდეგ, ისინი ხდებიან ლამაზი კუბური კრისტალები. მცირე რაოდენობის მარილი იხსნება წყალში და წყლის მთელს სრუქტურას ცვლის. ეს არის სანელებელი, რომელიც უდავოდ საჭიროა კულინარიაში. მარილში მიკროელემენტები გადამწყვეტად აუცილებელია სიცოცხლის შესანარჩუნებელი ფუნქციებისთვის.

ზუსტად როგორც მარილი იხსნება და საჭმელს არომატს აძლევს და ლპობას ხელს უშლის, ღმერთს სურს, რომ ჩვენ გავწიროთ საკუთარი თავები სხვა ადამიანების დარიგებისა და განწმენდისათვის და რომ მოვისხათ მშვიდობის ლამაზი ნაყოფი. მოდით შევისწავლოთ სული წმინდის ნაყოფებიდან მშვიდობის ნაყოფი.

სიმშვიდის ნაყოფი

მაშინაც კი, თუ მათ ღმერთის სწამთ, ხალხს არ შეუძლია სხვებთან მშვიდობის შენარჩუნება მანამ სანამ მთ საკუთარი იგო, ან საკუთარი „მე" აქვთ. თუ კი ფიქრობენ, რომ საკუთარი აზრი სწორი აზრია, ისინი უგულვებელყოფენ სხვების აზრს და შეუფერებლად იქცევიან. მიუხედავად იმისა, რომ ურთიერთშეთანხმებაა მიღწეული ჯგუფის უმრავლესობის ხმით, ისინი მაინც განაგრძობენ გადაწყვეტილებაზე ჩივილს. ისინი ასევე კარგის დანახვის მაგივრად, სხვა ადამიანების მხოლოდ შეცდომებს ხედავენ. ასევე შეუძლიათ სხვებზე ბოროტული საუბარი და ჭორების გავრცელება და ამით ისინი ხალხს ერთმანეთს აშორებენ.

როდესაც ასეთი ადამიანების გარშემო ვართ, ჩვენ თავი შეიძლება ისე ვიგრძნოთ, თითქოს ეკლებიან საწოლზე ვიჯდეთ და არ გვქონდეს სიმშვიდე. სადაც მშვიდობის დამრღვევლები არიან, იქ ყოველთვის პრობლემები, სირთულეები და გამოცდებია. როდესაც სიმშვიდე ირღვევა ქვეყანაში, ოჯახში, სამსახურში, ეკლესიაში ან ნებისმიერ ჯგუფში, კურთხევების გზა დაიბლოკება და მრავალი

სირთულე გაჩნდება.

სპექტაკლში, გმირები აუცილებელია, მაგრამ სხვა როლები და თითოეული პერსონალის მხარდაჭერაც მნიშვნელოვანია. იგივე ეხება ყველა ორგანიზაციას. მიუხედავად იმისა, რომ ეს შეიძლება ჩვეულებრივ რამედ აღვიქვათ, როდესაც თითოეული ადამიანი თავის საქმეს სათანადოდ ასრულებს, მოვალეობა სრულყოფილად შესრულდება და ასეთ ადამიანს მოგვიანებით უფრო დიდ როლს მიანდობენ. ასევე, ადამიანი არ უნდა იყოს ქედმაღალი, რადგან მისი მოვალეობა მნიშვნელოვანია. როდესაც იგი სხვებსაც ეხმარება გაზრდაში, მისი ყოველი სამუშაოს შესრულება მშვიდობიანად არის შესაძლებელი.

რომაელთა 12:18 ამბობს, „თუკი შესაძლოა თქვენის მხრივ, მშვიდობისმყოფელნი იყავით ყოველი კაცის მიმართ." და ებრაელთა 12:14-ში წერია, „თქვენი ურთიერთობა ყველასთან მშვიდი იყოს და წმიდა, რის გარეშეც ვერავინ იხილავს უფალს."

აქ, „მშვიდი" არის ის, რომ შეძლო სხვების აზრზე დათანხმება, მაშინაც კი, როდესაც ჩვენი აზრები სწორია. ეს არის სხვა ადამიანების ნუგეშისცემა. ეს არის დიდსულოვანი გული, რომლითაც ჩვენ ნებისმიერ რამეს მოვიწონებთ, თუ კი ეს ჭეშმარიტების ფარგლებშია. ეს არის სხვების სარგებელზე ფიქრი და ფავორიტიზმის არ ქონა. ეს არის ცდა, რომ სხვებთან არ გქონდეს კონფლიქტი ან დაძაბული ურთიერთობა საკუთარი საწინააღმდეგო აზრის გამოთქმისგან თავის შეკავებით.

ღმერთ შვილებმა სიმშვიდე არა მარტო ქმრებთან და ცოებთან, მშობლებთან და შვილებთან, და ძმებთან და მოყვასებთან უნდა შეინარჩუნონ, არამედ სხვა ყველა ადამიანთან. მათ სიმშვიდე არა მარტო იმ ადამიანებთან უნდა ჰქონდეთ, რომლებიც მათ უყვართ, არამედ ყველა იმ ადამიანებთანაც, რომლებსაც ისინი სძულთ. ეს განსაკუთრებით მნიშვნელოვანია ეკლესიაში სიმშვიდის

შესანარჩუნებლად. ღმერთი ვერ შეძლებს მუშაობას, თუ კი სიმშვიდე დარღვეულია. ეს არის მხოლოდ სატანისთვის ჩვენთვის დაბრალების შანსის მიცემა. ასევე, მაშინაც კი, თუ მთელი ძალისხმევით ვიმუშავებთ და მივაღწევთ დიდ მიზნებს ღმერთის სამღვდელოებაში, ჩვენ ვერ განვდიდდებით თუ კი სიმშვიდე დარღვეულია.

დაბადება 26-ში, ისააკმა შეინარჩუნა სიმშვიდე ყველასთან, ისეთ სიტუაციაშიც კი, როდესაც სხვები მის გამოწვევას ცდილობდნენ. ეს იყო როდესაც ისააკმა, შიმშილობის თავიდან ასაცილებლად, წავიდა ისეთ ადგილას, სადაც ფილისტენები ცხოვრობდნენ. მან ღმერთისგან კურთხევები მიიღო და მისი ნახირის და ჯოგის რაოდენობა გაიზარდა და ჰქონდა დიდი ოჯახი. ფილისტინებს შურდათ მისი და შეაჩერეს ისააკის ჭაბურღული მათი მიწით ავსებით.

იმ მხარეში საკმარისი წმინა არ ჰქონდათ, განსაკუთრებით ზაფხულში. ჭები მათი სიცოცხლის წყარო იყო. თუმცა, ისააკს არ უკამათია ან უჩხუბია მათთან. მან უბრალოდ დატოვა ის ადგილი და ამოთხარა სხვა ჭა. ყოველთვის, როდესაც დიდი გაჭირვების შემდეგ ჭას იპოვნიდა, ფილისტინები მოვიდოდნენ და მიისაკუთრებდნენ ხოლმე. მიუხედავად ამისა, ისააკს არასოდეს გაუპროტესტებია და უბრალოდ აძლევდა მათ ჭებს. იგი გადავიდა სხვა ადგილას და იქ ამოთხარა ჭა.

ეს ცილკი რამდენიმეჯერ მოხდა, მაგრამ ისააკი ამ ხალხს მხოლოდ სიკეთით ექცეოდა და ღმერთმა აკურთხა იგი და მისცა ჭა ყველგან, სადაც წავიდოდა. ამის დანახვაზე ფილისტელებმა გააცნობიერეს, რომ ღმერთი იყო მასთან და აღარ აწუხებდნენ. თუ კი ისააკი მათთან იკამათებდა ან იჩხუბებდა, რადგან უსამართლოდ ექცეოდნენ, იგი მათი მტერი გახდებოდა და იმ ადგილის დატოვება მოუწევდა. მიუხედავად იმისა, რომ მას საკუთარი თავის დაცვა შეეძლო სამართლიანი მანერით, ეს არ იმოქმედებდა

ფილიპელებზე, რადგან მათ ბოროტი მიზნებით მასთან კამათი სურდათ. ამ მიზეზის გამო, ისააკი მათ სიკეთით ექცეოდა და სიმშვიდის ნაყოფი მოისხა.

თუ ჩვენ ამ გზით სიმშვიდის ნაყოფს მოვისხამთ, ღმერთი გააკონტროლებს ყველა სიტუაციას, რათა ყველაფერში წარმატებულები ვიყოთ. როგორ უნდა მოვისხათ სიმშვიდის ეს ნაყოფი?

სიმშვიდის ნაყოფის მოსხმისათვის

პირველი, ჩვენ ღმერთთან სიმშვიდე უნდა გვქონდეს.

ყველაზე მნიშვნელოვანი რამ ღმერთთან მშვიდობის შესანარჩუნებლად, არის ის, რომ ჩვენ არ უნდა გვქონდეს არავიათარი ცოდვის კედელი. ადამი ღმერთისგან უნდა დამალულიყო, რადგან მან დაარღვია ღმერთის სიტყვა და შეჭამა აკრძალული ნაყოფი (დაბადება 3:8). წარსულში, მას ძალიან ახლო ურთიერთობა ჰქონდა ღმერთთან, მაგრამ ახლა ღმერთის არსებობას მისთვის შიშის გრძნობა მოჰქონდა. ეს იმიტომ, რომ ღმერთთან სიმშვიდე დაირღვა ცოდვის გამო.

ეს იგივეა ჩვენზეც. როდესაც ჭეშმარიტებაში ვმოქმედებთ, ჩვენ ღმერთთან სიმშვიდე და მის წინაშე თავდაჯერებულობა გვექნება. რა თქმა უნდა, სრულყოფილი სიმშვიდისათვის ჩვენ უნდა განვიწმინდოთ და გულიდან განვდევნოთ ცოდვები და ბოროტება. მაგრამ მიუხედავად იმისა, რომ ჯერ სრულყოფილი რწმენა არ გვაქვს, მანამ სანამ ჭეშმარიტებას ბეჯითად განვახორციელებთ ჩვენი რწმენის ზომის ფარგლებში, ჩვენ ღმერთთან სიმშვიდე გვექნება. ჩვენ სრულყოფილი რწმენა ღმერთთან თავიდანვე ვერ გვექნება, მაგრამ ჩვენ შეგვიძლია ღმერთთან სიმშვიდე გვქონდეს, როდესაც სიმშვიდეს გავყვებით მასთან ერთად ჩვენი რწმენის ფარგლებში.

მაშინაც კი, როდესაც ვცდილობთ ღმერთთან სიმშვიდე გვქონდეს, ჩვენ ჯერ ღმერთთან სიმშვიდეს უნდა გავყვეთ.

მიუხედავად იმისა, რომ მშობლებთან, შვილებთან, მეუღლეებთან, მეგობრებთან და თანამშრომლებთან სიმშვიდეს უნდა მივყვეთ, ჩვენ არასოდეს არ უნდა გავაკეთოთ ისეთი რამ, რაც ჭეშმარიტების წინააღმდეგ არის. სახელდობრ, ჩვენ ღმერთთან სიმშვიდე არ უნდა დავარღვიოთ, რათა ადამიანებთან სიმშვიდეს მივყვეთ.

მაგალითად, რა მოხდება, თუ კი კერპებს ვცემთ თაყვანს ან დავარღვევთ უფლის დღეს, რათა ურწმუნო ოჯახის წევრებთან სიმშვიდეს მივაღწიოთ? ისე ჩანს, რომ თითქოს რაღაც მომენტში სიმშვიდე გვაქვს, მაგრამ სინამდვილეში ჩვენ ღმერთთან სიმშვიდე დავარღვიეთ მის წინაშე ცოდვის კედლის აღმართვით. ჩვენ არ შეგვიძლია ცოდვების ჩადენა, რათა სიმშვიდე გვქონდეს ხალხთან. ასევე, თუ კი უფლის დღეს დავარღვევთ, რათა ოჯახის წევრის ან მეგობრის ქორწილს დავესწროთ, ეს არის ღმერთთან სიმშვიდის დარღვევა და ყოველივე ამის შემდეგ, ჩვენ არ შეგვიძლია ამ ადამიანებთან მაინც გვქონდეს სიმშვიდე.

იმისათვის, რომ ადამიანებთან ჭეშმარიტი სიმშვიდე გვქონდეს, პირველ რიგში ღმერთს უნდა ვასიამოვნოთ. შემდეგ, ღმერთი განდევნის ეშმაკს და სატანას და ბოროტ ადამიანებს აზრს შეუცვლის, რათა ჩვენ ყველასთან სიმშვიდე გვქონდეს. იგავნი 16:7 ამბობს, „თუ უფალს მოსწონს კაცის გზები, მტრებსაც კი შეარიგებს მასთან."

რა თქმა უნდა, მეორე ადამიანმა შეიძლება განაგრძოს ჩვენს შორის სიმშვიდის დარღვევა, მიუხედავად იმისა, რომ ჭეშმარიტებაში ჩვენ მთელი ძალისხმევით ვცდილობთ. ასეთ შემთხვევაში, თუ კი ბოლომდე ჭეშმარიტებაში მოვიქცევით, ღმერთი საბოლოოდ ყველას სასიკეთოთ იმოქმედებს. ეს იყო დავითის და მეფე საულის შემთხვევაში. მისი ეჭვიანობის გამო, მეფე საულმა დავითის მოკვლა სცადა, მაგრამ დავითი მას ბოლომდე სიკეთით ექცეოდა. დავითს რამენიმეჯერ მისი მოკვლის შანსი ჰქონდა, მაგრამ მან აირჩია ღმერთთან სიმშვიდე სიკეთის გაყოლით.

საბოლოოდ, ღმერთმა დავითი სამეფო ტახტზე დასვა, რათა მისი სიკეთისთვის უკან გადაეხადა.

მეორე, ჩვენ ჩვენს თავებთან უნდა გვქონდეს სიმშვიდე. იმისათვის, რომ სიმშვიდე გვქონდეს საკუთარ თავებთან, ჩვენ უნდა განვდევნოთ ყველა ფორმის ბოროტება და განვიწმინდოთ. მანამ სანამ გულში ბოროტება გვაქვს, ჩვენი ბოროტება აღელდება სხვადასხვა სიტუაციების მიხედვით და ამგვარად სიმშვიდე დაირღვევა. ჩვენ შეიძლება ვიფიქროთ, რომ სიმშვიდე გვაქვს, როდესაც ყველაფერი კარგად მიდის, მაგრამ სიმშვიდე ირღვევა, როდესაც არაფერი არ მიდის წარმატებულად და გულში ჩვენს ბოროტებაზე ზეგავლენას ახდენს. როდესაც ჩვენს გულში სიძულვილი და რისხვა დუღს, როგორი უსიამოვნო გრძნობაა ეს! მაგრამ შეგვიძლია ნებისმიერ სიტუაციაში გულის სიმშვიდე გვქონდეს, თუ კი ჭეშმარიტების არჩევას განვაგრძობთ.

თუმცა, ზოგ ადამიანს გულში ჭეშმარიტი სიმშვიდე არ აქვს, მიუხედავად იმისა, რომ ჭეშმარიტებას ანხორციელებს, რათა ღმერთთან სიმშვიდე დაამყაროს. ეს იმიტომ, რომ მათ აქვთ თვით-სამართლიანობა და საკუთარი ინდივიდუალურობის ჩარჩოები.

მაგალითად, ზოგ ადამიანს არ აქვს სიმშვიდე, რადგან ზედმეტად შებოჭილები არიან ღმერთის სიტყვით. ზუსტად როგორც იობი, სანამ გამოცდებს გაუძლებდა, ისინი ძლიერად ლოცულობენ და ცდილობენ ღმერთის სიტყვით ცხოვრებას, მაგრამ ამ ყველაფერს ღმერთის სიყვარულით არ აკეთებენ. ისინი სასჯელის შიშის გამო ცხოვრობენ ღმერთის სიტყვით. და თუ რაიმე მიზეზის გამო ზოგ სიტუაციაში ჭეშმარიტებას დაარღვევენ, ძალიან ნერვიულობენ და ეშინიათ, რომ არახელსაყრელი შედეგები მოჰყვება ამ ყველაფერს.

ასეთ შემთხვევაში, როგორ ტკივილს განიცდის მათი გულები, მიუხედავად იმისა, რომ ბეჯითად ცდილობენ

ჭეშმარიტების განხორციელებას! ამგვარად, მათი სულიერი ზრდა წყდება ან სიხარულს კარგავენ. ყოველივე ამის შემდეგ, ისინი იტანჯებიან თვით-სამართლიანობის და თავიანთი აზრების ჩარჩოების გამო. ამ შემთხვევაში, იმის ნაცვლად, რომ რჯულის შენახვით შეპყრობილები იყვნენ, მათ უნდა ცადონ ღმერთისადმი სიყვარულის გაშენება. ადამიანს შეუძლია ჭეშმარიტი სიმშვიდით სიამოვნება, თუ კი მას ღმერთი მთელი გულით უყვარს და აცნობიერებს მის სიყვარულს.

ეს არის კიდევ ერთი მაგალითი. ზოგ ადამიანს საკუთარ თავთან არ აქვს სიმშვიდე, მათი უარყოფითი აზრების გამო. ისინი ცდილობენ ჭეშმარიტების განხორციელებას, მაგრამ კიცხავენ საკუთარ თავებს და გულში ტკივილს იწვევენ, თუ კი არ მიიღებენ იმ შედეგს, რომელიც მათ სურს. ისინი ისინი დანაღვლიანებულები არიან ღმერთის წინაშე და კარგავენ გულს, რადგან ფიქრობენ, რომ ბევრი აკლიათ. ისინი კარგავენ სიმშვიდეს, ფიქრობენ, „შეიძლება ჩემს გარშემო მყოფი ადამიანები ჩემით იმედგაცრუებულები არიან. შეიძლება მათ მიმატოვონ."

ასეთი ადამიანები უნდა გახდნენ სულიერი შვილები. ამ შვილების ფიქრები, რომლებსაც სწამთ მათი მშობლების სიყვარული, ძალიან მარტივია. მაშინაც კი, თუ შეცდომას დაუშვებენ, ისინი არ იმალებიან მშობლებისგან და მათ კალთაში მიდიან და ეუბნებიან, რომ გამოსწორდებიან. თუ კი ისინი იტყვიან, რომ დანაღვლიანებულები არიან და შემდეგში გამოასწორებენ თავიანთ საქციელს, ეს ალბათ მშობელს გააღიმებს, მიუხედავად იმისა, რომ სურდათ მათი დატუქსვა.

რა თქმა უნდა, ეს იმას არ ნიშნავს, რომ შენ უბრალოდ უნდა თქვა, რომ გამოასწორებ და შემდეგ იგივე შეცდომა დაუშვა. თუ კი შენ ჭეშმარიტად გსურს, რომ ცოდვებისგან შემობრუნდე და შემდეგში უკეთ იზამენ, მაშინ ღმერთი რატომ შეგაგცევს ზურგს? ის ადამიანები, რომლებიც

ჭეშმარიტად ინანიებენ, არ კარგავენ გულს ან დანაღვლიანდებიან სხვა ადამიანების გამო. რა თქმა უნდა, მათ შეიძლება მიიღონ სასჯელი ან ცუდ ადგილას აღმოჩნდნენ გარკვეული დროის განმავლობაში სამართლიანობის მიხედვით. მიუხედავად ამისა, თუ კი უდავოდ სწამთ ღმერთის მათდამი სიყვარულის, მათ შეუძლიათ სიამოვნებით მიიღონ ღმერთის სასჯელი და არ იდარდებენ სხვა ადამიანების აზრზე ან კომენტარებზე.

და პირიქით, ღმერთი ნასიამოვნები არ იქნება, თუ კი ეჭვის შეტანას განაგრძობენ, იფიქრებენ, რომ ცოდვები არ მიეტევათ. თუ კი ჭეშმარიტად მოინანიებენ და საკუთარი გზიდან შემობრუნდებიან, ეს ღმერთის თვალში სასიამოვნოა, რომ სწამთ მიტევების. მაშინაც კი, თუ გამოცდებია გამოწვეული მათი ბოროტული საქციელების გამო, ეს გამოცდები კურთხევებად გადაიქცევა, თუ კი მათ სიხარულითა და მადლიერების გრძნობით მიიღებენ.

ამგვარად, ჩვენ უნდა გვწამდეს, რომ ღმერთს ვუყვარვართ, მიუხედავად იმისა, რომ ჯერ სრულყოფილნი არ ვართ და იგი სრულყოფილს გაგვხდის, თუ კი განვაგრძობთ საკუთარი თავის შეცვლას.

მესამე, ჩვენ ყველასთან სიმშვიდე უნდა გვქონდეს.

იმისათვის, რომ ყველასთან მივაღწიოთ სიმშვიდეს, ჩვენ საკუთარი თავის განწირვა უნდა შევძლოთ. ჩვენ საკუთარი თავი სხვებისთვის უნდა გავწიროთ. პავლემ თქვა, „მე ყოველდღე ვკვდები," და ზუსტად როგორც მან თქვა, ჩვენ დაჟინებით არ უნდა მოვითხოვოთ ჩვენის გატანა, რათა სხვებთან სიმშვიდე გვქონდეს.

სიმშვიდის მისაღწევად, ჩვენ შეუფერებლად არ უნდა მოვიქცეთ, ან არ ვეცადოთ საკუთარი თავით სიამაყეს. ჩვენ თავი უნდა დავიმდაბლოთ გულიდან და სხვები განვადიდოთ. ჩვენ არ უნდა ვიყოთ არაობიექტურები და ამავე დროს, უნდა შევძლოთ ადამიანების სხვადასხვა გზების მიღება, იმ შემთხვევაში, თუ კი ესენი ჭეშმარიტების

ფარგლებშია. ჩვენ არა საკუთარი რწმენის ზომით უნდა ვიფიქროთ, არამედ სხვა ადამიანების ხედვის წერტილიდან. მიუხედავად იმისა, რომ ჩვენი აზრი სწორია, ან შეიძლება უკეთესია, ჩვენ მაინც უნდა შევძლოთ სხვა ადამიანების აზრზე დათანხმება.

თუმცა, ეს იმას არ ნიშნავს, რომ უბრალოდ უნდა დავტოვოთ ისინი და მივცეთ საშუალება საკუთარ გზას გაჰყვნენ, როდესაც მათი გზა არის სიკვდილის გზა ცოდვების ჩადენით. ჩვენ არც უნდა წავიდეთ მათთან კომპრომისზე ან შევუერთდეთ არაჭეშმარიტების განხორციელებაში. ზოგჯერ მათ რჩევა ან გაფრთხილება უნდა მივცეთ სიყვარულით. ჩვენ დიდ კურთხევებს მივიღებთ, როდესაც ჭეშმარიტებაში გავყვებით სიმშვიდეს.

შემდეგ, იმისათვის, რომ ყველასთან გვქონდეს სიმშვიდე, ჩვენ არ უნდა დავიჟინოთ საკუთარი თვით-სამართლიანობა და ჩარჩოები. „ჩარჩოები" არის ის, რასაც ადამიანი ფიქრობს, რომ სწორია საკუთარი ინდივიდუალურობის, მართებულების გრძნობის და უპირატესობების ფარგლებში. „თვით-სამართლიანობა" აქ ცდილობს სხვებს აიძულოს თავისი პირადი აზრები, რწმენები და იდეები, რომელსაც ადამიანი თვითონ უკეთესად თვლის. თვით-სამართლიანობა და ჩარჩოები ნაჩვენებია სხვადასხვა ფორმებით ჩვენს ცხოვრებაში.

რა მოხდება, თუ კი ადამიანი დაარღვევს კომპანიის წესებს, რათა საკუთარი ქმედებები გაამართლოს, ფიქრობდეს, რომ წესები არასწორია? მან შეიძლება იფიქროს, რომ იმას აკეთებს, რაც სწორია, მაგრამ აშკარად მისი უფროსი ან თანამშრომლები სხვაგვარად ფიქრობენ. ასევე, ჭეშმარიტებას შეესაბამება სხვების აზრზე დათანხმება, თუ კი ეს ჭეშმარიტების ფარგლებშია.

თითოეულ ადამიანს აქვს განსხვავებული ინდივიდუალურობა, რადგან ყოველი მათგანი

განსხვავებულ გარემოში გაიზარდა. ყოველ მათგანმა მიიღო განსხვავებული განათლება და რწმენის ზომა. ამგვარად, თითოეულ ადამიანს აქვს განსხვავებული განსჯის სტანდარტი. ერთმა ადამიანმა შეიძლება იფიქროს, რომ კონკრეტული რამ სწორია, როდესაც მეორე თვლის რომ არასწორია.

მაგალითად, მოდით ვისაუბროთ ცოლსა და ქმარს შორის ურთიერთობაზე. ქმარს სურს, რომ სახლი ყოველთვის დალაგებული იყოს, მაგრამ ცოლი ამას არ აკეთებს. ქმარი თავიდან ამ ყველაფერს სიყვარულით უძლებს და თვითონ ალაგებს სახლს. მაგრამ დროთა განმავლობაში იგი ღიზიანდება. იგი იწყებს ფიქრს, რომ მის ცოლს შესაბამისი სახლის განათლება არ მიუღია. მას აინტერესებს, თუ რატომ არ შეუძლება მას ისეთი რაღაცის გაკეთება, რაც ასეთი ადვილია. მას არ ესმის, თუ რატომ არ იცვლება მისი ჩვევები ამდენი წლის შემდეგაც კი.

მაგრამ მეორეს მხრივ, ცოლსაც აქვს რაღაც სათქმელი. მისი იმედგაცრუება იზრდება თავისი ქმრისადმი და ფიქრობს, „მე მხოლოდ იმიტომ არ ვვარსებობ, რომ სახლი ვალაგო. ზოგჯერ, როდესაც არ შემიძლია სახლის დალაგება, მან ეს თვითონ უნდა გააკეთოს. რატომ გამოთქვამს ამის შესახებ უკმაყოფილებას? წინათ, ყველაფერი თითქოს ისე იყო, რომ ჩემთვის ყველაფერს გააკეთებდა, მაგრამ ახლა იგი ასეთ უბრალოდ რაღაცაზე ჩივის. იგი ჩემი ოჯახის განათლებაზეც კი ლაპარაკობს!“ თუ კი ორივე მათგანი საკუთარ აზრს და სურვილს დაიჟინებს, მათ ვერ ექნებათ სიმშვიდე. სიმშვიდე მხოლოდ მაშინ დამყარდება, როდესაც ორივე ანგარიშს გაუწევენ და მოემსახურებიან ერთმანეთს, და არა მაშინ, როდესაც საკუთარ აზრს იჟინებენ.

იესომ გვითხრა, რომ როდესაც ღმერთს ჩვენს შესაწირებს ვაძლევთ, თუ კი ჩვენი ერთ-ერთი ძმის მიერ

რაიმე საწინააღმდეგო გვაქვს, ჩვენ ჯერ მას უნდა შევურიგდეთ და შემდეგ გავაკეთოთ შესაწირი (მათე 5:23-24). ღმერთი მხოლოდ მაშინ მიიღებს ჩვენს შესაწირებს, როდესაც სიმშვიდე გვაქვს ამ ჩვენს ძმასთან და შემდეგ ვაძლევთ შესაწირს.

ის ადამიანები, რომლებსაც ღმერთთან და საკუთარ თავებთან სიმშვიდე აქვთ, არ დაარღვევენ სხვა ადამიანებთან სიმშვიდეს. ისინი არ იკამათებენ არავისთან, რადგან უკვე განდევნილი აქვთ თავიანთი სიხარბე, ამპარტავნობა, სიამაყე და თვით-სამართლიანობა და ჩარჩოები. მაშინაც კი, როდესაც სხვები ბოროტები არიან და ზიანს აყენებენ, ეს ადამიანები სიმშვიდის მისაღწევად, საკუთარ თავებსაც კი გასწირავენ.

სიკეთის სიტყვები მნიშვნელოვანია

არსებობს რამდენიმე რაღაც, რაც მხედველობაში უნდა მივიღოთ, როდესაც სიმშვიდის დამყარებას ვცდილობთ. ძალიან მნიშვნელოვანია, რომ სიმშვიდის შესანარჩუნებლად მხოლოდ კეთილი სიტყვებით ვისაუბროთ. იგავნი 16:24 ამბობს, „ამო საუბარი გოლეული თაფლია, სულის სიტკბოა და ძვლის კურნება." კეთილი სიტყვები იმ ადამიანებს, რომლებიც დადარდიანებულები არიან, აძლევს ძალას და გამბედაობას. ესენი შეიძლება გახდეს კარგი წამალი მომაკვდავი სულების გასაცოცხლებლად.

და პირიქით, ბოროტი სიტყვები სიმშვიდეს არღვევს. როდესაც რობოამი, მეფე სოლომონის ვაჟი, ტახტზე ავიდა, ათი ტომის ხალხმა სთხოვა მას, რომ მათი მძიმე შრომა შეემსუბუქებინა. მეფემ უპასუხა, „ხომ დაგიმძიმათ მამაჩემმა უღელი, მე კიდევ უფრო დაგიმძიმებთ! ხომ შოლტებით გსჯიდათ მამაჩემი, მე მორიელებით დაგსჯით" (2 ნეშთთა 10:14). ამ სიტყვების გამო, მეფე და ხალხი ერთმანეთს ჩამოშორდნენ, რამაც საბოლოოდ ქვეყნის

ორად გაყოფა გამოიწვია.

ადამიანის ენა სხეულის ძალიან პატარა ნაწილია, მაგრამ მას აქვს უზარმაზარი ძალა. ეს არის პატარა ალივით, რომელიც დიდ ცეცხლად იქცევა და შეუძლია გამოიწვიოს დიდი ზარალი, თუ კი არ გაკონტროლდება. ამ მიზეზის გამო იაკობი 3:6 ამბობს, „ენაც ალია, უსამართლობის სამყარო; ენას ისეთი ადგილი უჭრავს ჩვენს ასოებს შორის, რომ ბილწავს მთელ სხეულს, ალად აქცევს დაბადების ჩარხს და თვითონაც აალებულია გეენისაგან." ასევე, იგავნი 18:21-ში წერია, „სიკვდილ-სიცოცხლე ენის ხელშია და მისი მოყვარულნი მის ნაყოფს იგემებენ."

განსაკუთრებით, თუ კი გულისწყრომით ვისაუბრებთ ან ჩივილით აზრთა სხვაობის გამო, ამ საუბარში შედის ბოროტი გრძნობები და ამგვარად, ეშმაკს და სატანას მოაქვთ ბრალდებები. ასევე, მხოლოდ უკმაყოფილების და გულისწყრომის გრძნობა და ასეთი გრძნობების სიტყვებით და ქმედებებით გამოხატვა, ერთმანეთისგან მეტად განსხვავდება. ჯიბეში მელნის ბოთლის დაჭერა ერთია, მაგრამ მისი სახურავის მოხსნა და გადმოქცევა სხვა რამეა. თუ კი გადმოაქცევ, შენც და შენს გარშემო მყოფებსაც ლაქას დაადებს ტანსაცმელზე.

ანალოგიურად, როდესაც ღმერთის საქმეს ასრულებ, შენ შეიძლება იჩივო მხოლოდ იმიტომ, რომ ზოგი რამ არ ეთანხმება შენს იდეებს. შემდეგ, ზოგი სხვა, რომელიც შენს აზრს ეთანხმება, ამავე გზით ისაუბრებს. თუ კი რიცხვი გაიზრდება ორზე ან სამზე, ეს ხდება სატანის სინაგოგა. ეკლესიაში სიმშვიდე დაირღვევა და მისი ზრდა შეწყდება. ამგვარად, ჩვენ ყოველთვის უნდა ვხედავდეთ, გვესმოდეს და ვსაუბრობდეთ კარგ რაღაცეებს (ეფესელთა 4:29). ჩვენ არც კი უნდა გავიგონოთ ის სიტყვები, რომლებიც არ არის ჭეშმარიტების ან სიკეთის.

გონივრულად იფიქრე სხვისი ხედვის წერტილიდან

მეორე რიგში, ჩვენ უნდა გავითვალისწინოთ შემთხვევა, როდესაც არ გაქვს ცუდი გრძნობები მეორე ადამიანის წინააღმდეგ, მაგრამ ეს ადამიანი სიმშვიდეს არღვევს. აქ, შენ უნდა დაფიქრდე ეს მართლა არის თუ არა მეორე ადამიანის შეცდომა. ზოგჯერ, გაცნობიერების გარეშე შენ შეიძლება იყო სხვა ადამიანების სიმშვიდის დარღვევის გამომწვეველი მიზეზი.

შენ შეიძლება ტკივილი მიაყენო სხვებს უყურადღებობის ან სულელური სიტყვების ან ქცევების გამო. ასეთ შემთხვევაში, თუ კი განაგრძობ ფიქრს, რომ ცუდი გრძნობები არ გაქვს მეორე ადამიანის წინააღმდეგ, შენ არც სიმშვიდე გექნება ამ ადამიანთან და არც თვით-გაცნობიერება გექნება, რომელიც საშუალებას გაძლევს შეიცვალო. შენ უნდა შეძლო შემოწმება, მართლა ხარ თუ არა მშვიდობისმყოფელი მეორე ადამიანის თვალშიც კი.

უფროსის ხედვის წერტილიდან, მან შეიძლება იფიქროს, რომ სიმშვიდეს ინარჩუნებს, მაგრამ მისი მუშაკები შეიძლება კმაყოფილები არ იყვნენ. მათ არ შეუძლიათ საკუთარი გრძნობების უფროსებისადმი ღიად გამოხატვა. ისინი უბრალოდ იტანენ და უძლებენ ამ ტკივილს.

არსებობს ცნობილი შემთხვევა პრემიერ მინისტრის, ჩოსუნის დინასტიის ჰვან ჰის შესაზებ. მან დაინახა ფერმერი, რომელიც მის მიწას ხნავდა ორი ხარით. მინისტრმა ფერმერს ხმამაღალი ხმით უთხრა, „რომელი ხარი მუშაობს უფრო კარგად?“ ფერმერმა ხელი მოკიდა მინისტრს და წაიყვანა შორეულ ადგილას. მან მას ყურში ჩასჩურჩულა, „შავი ზოგჯერ ზარმაცობს, მაგრამ ყვითელი ძლიერად მუშაობს.“ „აქ რატომ მომიყვანე და ყურში რატომ ჩამჩურჩულე ხარების შესახებ?“ ჰვანგ ჰიმ ღიმილით ჰკითხა.

ფერმერმა მიუგო, „ცხოველებსაც კი არ მოსწონთ, როდესაც ვინმე მათზე ცუდს ლაპარაკობს." ნათქვამია, რომ ჰვანგ ჰიმ მაშინ გააცნობიერა თავისი უყურადღებობა.

რა მოხდებოდა, თუ კი ორი ხარი ფერმერის ნათქვამს გაიგებდა? ყვითელი ხარი ამპარტავანი გახდებოდა და შავი ხარი ეჭვიანობას დაიწყებდა, რათა პრობლემები გამოეწვია ყვითელი ხარისთვის ან კიდევ დადარდიანდებოდა და უფრო ნაკლებს იმუშავებდა.

ამ ამბავიდან, ჩვენ შეგვიძლია ვისწავლოთ ყურადღებიანობა ცხოველების მიმართაც კი და ფრთხილად უნდა ვიყოთ, რომ არ ვთქვათ ისეთი სიტყვები ან ვაჩვენოთ ისეთი ქცევები, რომლებიც შეიძლება იყოს ქომაგობა ან მოსარჩლეობა. სადაც ქომაგობაა, იქ ამპარტავნობა და ქედმაღლობაა. მაგალითად, თუ კი მხოლოდ ერთ ადამიანს განადიდებ მრავალი ადამიანის წინაშე, ან თუ საყვედურს გამოუცხადებ ამ ადამიანს, ჩვენ ასე უთანხმოებას ჩავუყრით საფუძველს. შენ საკმარისად ფრთხილი და ბრძენი უნდა იყო, რომ ასეთი პრობლემები არ გამოიწვიო.

ასევე, არსებობენ ადამიანები, რომლებიც იტანჯებიან მათი უფროსების ქომაგობის და დისკრიმინაციის გამო და მაინც, როდესაც თვითონ ხდებიან უფროსები, ისინი იგივეს აკეთებენ. მაგრამ ჩვენ გვესმის, რომ თუ კი ასეთი უსამართლობის მსხვერპლი იყავი, ფრთხილად უნდა იყო შენს სიტყვებში და ქცევებში, რათა სიმშვიდე არ დაირღვეს.

ჭეშმარიტი სიმშვიდე გულში

კიდევ ერთი რამ, რაზეც სიმშვიდის მიღწევის დროს უნდა იფიქრო, არის ის, რომ ჭეშმარიტი სიმშვიდე გულით უნდა იყოს მიღწეული. იმ ადამიანებსაც კი, რომლებსაც ღმერთთან ან საკუთარ თავებთან სიმშვიდე არ აქვთ, შეუძლიათ გარკვეულწილად სიმშვიდე ჰქონდეთ სხვა ადამიანებთან. მრავალ მორწმუნეს ხშირად ესმის, რომ არ უნდა დაარღვიონ სიმშვიდე, რათა თავიანთი ცუდი

გრძნობების გაკონტროლება შეძლონ და არ შეეკამათონ სხვა ადამიანებს, რომელთა აზრიც მათი აზრისგან განსხვავდება. მაგრამ გარე კონფლიქტის არ ქონა არ ნიშნავს იმას, რომ მათ სიმშვიდის ნაყოფი მოისხეს. სულის ნაყოფის მოსხმა არა მარტო გარედან, არამედ გულშიც ხდება.

მაგალითად, თუ კი სხვა ადამიანი არ გემსახურება ან არ გცნობს, შენ განაწყენებული ხარ, მაგრამ ეს შეიძლება გარედან არ გამოხატო. შეიძლება იფიქრო, „სულ კიდევ ცოტა უნდა მოვითმინო!“ და ეცადო მოემსახურო ამ ადამიანს. მაგრამ წარმოიდგინე იგივე რამ ხდება კიდევ ერთხელ.

შემდეგ, შენ დაგიგროვდება გულისწყრომა. შენ პირდაპირ არ შეგიძლია გამოხატო გულისწყრომა, რადგან ფიქრობ, რომ ამან შეიძლება შენს სიამაყეს ზიანი მიაყენოს, მაგრამ შეიძლება ეს ადამიანი ირიბად გააკრიტიკო. გარკვეულწილად, შენ შეიძლება გამოავლინო შენი განდევნის გრძნობა. ზოგჯერ, შენ არ გესმის სხვების და ეს ხელს გიშლის, რომ მათთან სიმშვიდე გქონდეს. შენ უბრალოდ დახურავ პირს, რადგან გეშინია, რომ თუ კი კამათს დაიწყებ, ეს კინკლაობაში გადაიზრდება. შენ უბრალოდ წყვეტ მასთან საუბარს და ზემოდან უყურებ და ფიქრობ, „იგი ბოროტია და იმდენად თვით-დაჟინებული, რომ მასთან საუბარი არ შემიძლია.“

ამ გზით, შენ გარედან არ არღვევ სიმშვიდეს, მაგრამ არც კეთილი გრძნობები გაქვს ამ ადამიანის წინაშე. შენ არ ეთანხმები მის აზრს და შეიძლება არც კი გსურდეს მის გარშემო ყოფნა. შენ შეიძლება სხვებთან უკმაყოფილებაც გამოთქვა მისი შეცდომების შესახებ. შენ ახსენებ შენს არაკომფორტულ გრძნობებს, „იგი მართლაც ბოროტია. როგორ შეუძლია ვინმეს მისი და მისი საქციელის გაგება! მაგრამ სიკეთეში ქმედებით, მე მაინც ვუძლებ მას.“ რა თქმა უნდა, უკეთესია, რომ ამ გზით სიმშვიდე არ დაარღვიო, ვიდრე პირდაპირ დაარღვიო სიმშვიდე.

მაგრამ ჭეშმარიტი სიმშვიდისათვის, შენ სხვებს გულით უნდა ემსახურო. შენ არ უნდა ჩაახშო ასეთი გრძნობები და მაინც გინდოდეს, რომ გემსახურონ. შენ უნდა გინდოდეს, რომ სხვებს ემსახურო და მათ სარგებელზე იზრუნო.

შენ უბრალოდ გარედან არ უნდა გაიღიმო, როდესაც შიგნიდან მათ კიცხავ. შენ უნდა გაუგო სხვებს მათი ხედვის წერტილიდან. მხოლოდ ამის შემდეგ შეძლებს სული წმინდა მუშაობას. მაშინაც კი, როდესაც საკუთარ თავზე ზრუნავენ, მათ გული აუჩუყდებათ და შეიცვლებიან. როდესაც თითოეულ ჩარეულ ადამიანს აქვს შეცდომები, ყოველივე მათგანს შეუძლია ბრალი ივარაუდოს. საბოლოოდ, ყველას შეუძლია ჰქონდეს ჭეშმარიტი სიმშვიდე და ასევე შეუძლიათ თავიანთი გულების გაზიარება.

კურთხევები მშვიდობისმყოფელებისთვის

იმ ადამიანებს, რომლებსაც ღმერთთან, საკუთარ თავებთან და ყველასთან სიმშვიდე აქვთ, აქვთ სიბნელის განდევნის ძალაუფლება. ამგვარად, მათ შეუძლიათ მათ გარშემო სიმშვიდის დამყარება. როგორც მათე 5:9-ში წერია, „ნეტარ არიან მშვიდობისმყოფელნი, ვინაიდან ისინი ღმრთის ძეებად იწოდებიან," მათ აქვთ ღმერთის შვილების ძალაუფლება, სინათლის ძალაუფლება.

მაგალითად, თუ კი ეკლესიის ლიდერი ხარ, შენ შეგიძლია დაეხმარო მორწმუნეებს სიმშვიდის ნაყოფის მოსხმაში. სახელდობრ, შენ მისცემ ჭეშმარიტების სიტყვას, რადგან გაქვს ამის ძალაუფლება, ამგვარად ისინი ჩამოშორდებიან ცოდვებს და გაანადგურებენ საკუთარ თვით-სამართლიანობას და ჩარჩოებს. როდესაც სატანის სინაგოგა იქმნება, რომელიც ხალხს ერთმანეთს აშორებს, შენ შეგიძლია შენი სიტყვით მათი განადგურება. ამ გზით, შენ შეგიძლია სხვადასხვა ადამიანებში სიმშვიდის დამყარება.

იოანე 12:24 ამბობს, „ჭეშმარიტად, ჭეშმარიტად გეუბნებით თქვენ: თუკი მიწაზე დავარდნილი პურის მარცვალი არ მოკვდა, ცალად დარჩება, ხოლო თუ მოკვდა, უამრავ ნაყოფს გამოიღებს." იესომ საკუთარი თავი გასწირა და მოკვდა როგორც ხორბლის მარცვალი და მოისხა უთვალავი ნაყოფი. მან მიუტევა ცოდვები მრავალ მომაკვდავ სულებს და მისცა მათ საშუალება სიმშვიდე ჰქონოდათ ღმერთთან. შედეგად, უფალი თვითონ გახდა მეფეთა მეფე და უფალთა უფალი და მიიღო დიდება და სახელი.

ჩვენ შეგვიძლია მივიღოთ უხვი მოსავალი მხოლოდ, როდესაც საკუთარ თავებს გავწირავთ. მამა ღმერთს სურს მისმა შვილებმა მსხვერპლი გაიღონ და „მოკვდნენ როგორც ხორბალი", რათა იესოსავით მოისხან უხვი ნაყოფი. იესო ასევე ამბობს იოანე 15:8-ში, „ამით იდიდება მამაჩემი, თუ გამოიღებთ უხვ ნაყოფს და იქნებით ჩემი მოწაფენი." როგორც ნათქვამია, დაე გავყვეთ სული წმინდის სურვილებს, რათა სიმშვიდის ნაყოფი მოვისხათ და მრავალ სულს ხსნის გზისაკენ წარვუძღვეთ.

ებრაელთა 12:14-ში წერია, „თქვენი ურთიერთობა ყველასთან მშვიდი იყოს და წმიდა, რის გარეშეც ვერავინ იხილავს უფალს." მაშინაც კი, თუ სავსებით მართალი ხარ, თუ კი სხვებს უხერხული გრძნობები აქვთ შენს გამო და კონფლიქტებია, ეს არ არის მართალი ღმერთის თვალში და ამგვარად, შენ შენს თავს უნდა გადახედო. შემდეგ, შენ შეგიძლია გახდე წმინდა ადამიანი, რომელსაც არ აქვს ბოროტება და რომელსაც შეუძლია უფლის დანახვა. ამის გაკეთებით, მე იმედი მაქვს, რომ შენ ისიამოვნებ სულიერი ძალაუფლების დედამიწაზე ღმერთის შვილად ყოფნით, და ზეცაში საპატიო ადგილს მიიღებ, სადაც უფალს ყოველთვის ნახავ.

იაკობი 1:4

„მოთმინების საქმე კი სრულყოფილი უნდა იყოს, რათა თვითონაც სრულქმნილი იყოთ და უზადონი, ყოველგვარი ნაკლის გარეშე."

თავი 5

დიდსულოვნება

მოთმინება, რომელსაც არ სჭირდება იყოს მომთმენი
მოთმინების ნაყოფი
რწმენის მამების დიდსულოვნება
დიდსულოვნება ზეციურ სასუფეველში
შესასვლელად

დიდსულოვნება

ხშირად ისეა, რომ თითქოს ბედნიერება დამოკიდებულია იმაზე, რომ ვართ თუ არა მომთმენნი. მშობლებსა და შვილებს და ცოლებსა და ქმრებს შორის, დედმამიშვილებს და მეგობრებს შორის, ხალხი ისეთ რაღაცას აკეთებს, რასაც მოგვიანებით ნანობენ, რადგან მომთმენნი არ იყვნენ. წარმატება და წარუმატებლობა ჩვენს სწავლაში, სამუშაოში ან ბიზნესში, ასევე შეიძლება დამოკიდებული იყოს ჩვენს მოთმინებაზე. მოთმინება ძალიან მნიშვნელოვანი ელემენტია ჩვენს ცხოვრებაში.

სულიერი მოთმინება და მოთმინება, რომელსაც ამქვეყნიური ადამიანები მიიჩნევენ, აშკარად განსხვავდება ერთმანეთისგან. ხალხი ამ სამყაროში მოთმინებით ეგუება ყველაფერს, მაგრამ ეს მოთმინება ხორციელია. თუ კი მათ ცუდი გრძნობები აქვთ, ისინი იტანჯებიან მათ ჩასახშობად. მათ შეიძლება კბილებს დააჭირონ, ან სრულიად შეწყვიტონ კიდეც ჭამა. საბოლოოდ ამას ადამიანი დეპრესიის და ნერვიულობის პრობლემებისკენ მიყავს. მაინც, ამბობენ, რომ იმ ადამიანებს, რომლებსაც შეუძლიათ თავიანთი გრძნობების ჩახსობა, უფრო დიდ მოთმინებას ამჟღავნებენ. მაგრამ ეს სრულიად არ არის სულიერი მოთმინება.

მოთმინება, რომელსაც არ სჭირდება იყოს მომთმენი

სულიერი მოთინება არის მხოლოდ სიკეთით მოთმინება და არა ბოროტებით. თუ კი სიკეთით ითმენ, შენ მადლიერებითა და იმედით შეძლებ ყოველგვარი გაჭირვებების დაძლევას. ეს კიდევ შენს გულს უფრო ფართოს გახდის. და პირიქით, თუ კი ბოროტებით ხარ მომთმენი, შენი ბოროტი გრძნობები დაგროვდება და შენი გული უფრო და უფრო უხეში გახდება.

წარმოიდგინე ვიღაც გწყევლის და მიზეზის გარეშე

ტკივილს გაყენებს. შენ შეიძლება იგრძნო, რომ სიამაყე შეგელახა და ან თავი მსხვერპლადაც კი იგრძნო, მაგრამ შენ ასევე შეგიძლია ამის დაძლევა იმაზე ფიქრით, რომ მომთმენი უნდა იყო ღმერთის სიტყვის თანახმად. მაგრამ სახე გიწითლდება, შენი სუნთქვა სწრაფდება და ტუჩებს კუმავ, რათა ეცადო შენი ფიქრებისა და ემოციების გაკონტროლება. თუ კი გრძნობებს ამ გზით დაძლევ, სიტუაცია რომ გაუარესდეს, შენ შეიძლება სიბრაზისგან გააფრთდე. ასეთი მოთმინება არ არის სულიერი მოთმინება.

თუ კი სულიერი მოთმინება გაქვს, შენს გულს ვერაფერი ააღელვებს. თუ კი ასეთი გული გაქვს, შენ არ დაგჭირდება, რომ ვინმეს „გაუძლო" ან „აპატიო." ნება მიბოძე მაგალითი მოვიყვანო.

ცივი ზამთრის საღამოს, კონკრეტულ სახლს შუქები გვიან ღამემდე ჰქონდა ჩართული. ამ სახლში პატარა ჩვილს 40-მდე სიცხე ჰქონდა °C (104 °F). ჩვილის მამამ მისი მაიკა ცივ წყალში დაასველა და ბავშვი დაიჭირა. როდესაც მამამ ბავშვს ცივი პირსახოცი დაადო, ამან იგი გააკვირვა და არ მოეწონა. მაგრამ მას მამის მკლავების ნუგეში ჰქონდა, მიუხედავად იმისა, რომ მაიკა ცივი იყო.

როდესაც მაიკა ბავშვის სიცხით გათბა, მამა ისევ და ისევ ცივი წყლით ასველებდა. იგი ამას დილამდე აკეთებდა. მაგრამ იგი თავს დაღლილად საერთოდ არ გრძნობდა. იგი უბრალოდ მოსიყვარულე თვალებით თავის შვილს უყურებდა, რომელსაც მის მკლავებში ეძინა.

მიუხედავად იმისა, რომ მთელი ღამე ჰქონდა გათენებული, მას არც შიოდა და არც დაღლილი იყო. მას არ ეცალა, რომ საკუთარ სხეულზე ეზრუნა. მთელი მისი ყურადღება ბავშვზე იყო და იმაზე ფიქრობდა, თუ როგორ გამოეჯანმრთელებინა იგი. და როდესაც ბავშვი გამოჯანმრთელდა, იგი არ ფიქრობდა საკუთარ მძიმე

შრომაზე. როდესაც ვინმე გვიყვარს, ჩვენ ავტომატურად შეგვიძლია გაჭირვებებს და მძიმე შრომას გავუძლოთ და ამგვარად, ჩვენ არ გვჭირდება ვიყოთ მომთმენნი. ეს არის „მოთმინების“ სულიერი მნიშვნელობა.

მოთმინების ნაყოფი

ჩვენ ვკითხულობთ „მოთმინების შესახებ“ 1 კორინთელთა 13-ში, „სიყვარულის თავში“, და ეს არის მოთმინება სიყვარულის გასაშენებლად. მაგალითად, იქ წერია, რომ სიყვარული თავისას არ ეძებს. იმისათვის, რომ დავთმოთ რაც ჩვენს გვსურს და სხვის სარგებელზე ვიფიქროთ ამ სიტყვის მიხედვით, ჩვენ აღმოვჩნდებით ისეთ სიტუაციებში, სადაც მოთმინებაა საჭირო. მოთმინება „სიყვარულის თავში“ არის მოთმინება სიყვარულის გასაშენებლად.

მაგრამ მოთმინება, რომელიც სული წმინდის ერთ-ერთი ნაყოფია, არის მოთმინება ყველაფერში. ეს მოთმინება არის უფრო მაღალი დონის, ვიდრე მოთმინება სულიერ სიყვარულში. არსებობს სირთულეები, როდესაც მიზნის მიღწევას ვცდილობთ, არის თუ არა ეს ღმერთის სასუფევლისთვის თუ პირადი განწმენდისთვის. გლოვა და მძიმე შრომა იქნება, რომელიც მთელს ჩვენს ენერგიას დახარჯავს. მაგრამ ჩვენ შეგვიძლია მოთმინებით გავუძლოთ რწმენით და სიყვარულით, რადგან ნაყოფის მოსხმის იმედი გვაქვს. ასეთი მოთმინება არის სული წმინდის ნაყოფებიდან ერთ-ერთი. არსებობს სამი ასპექტი ამ მოთმინებაზე.

პირველი არის მოთმინება, რათა შევცვალოთ ჩვენი გულები.

რაც უფრო მეტი ბოროტება გვაქვს გულში, უფრო რთული

მომთმენნი ვიყოთ. თუ გვაქვს რისხვის, ამპარტავნობის, სიხარბის, თვით-სამართლიანობის და ჩარჩოების ზომები, ჩვენ გვექნება ტემპერამენტი და ცუდი გრძნობები, რომლებიც გაიზრდება უმნიშვნელო საკითხებზე.

იყო ერთი ეკლესიის წევრი, რომლის თვიური შემოსავალი იყო 15000 ამერიკული დოლარი და კონკრეტულ თვეს მისი შემოსავალი ნორმალურზე ბევრად ნაკლები იყო. შემდეგ, მან შურიანად იჩივა ღმერთის წინააღმდეგ. მოგვიანებით კი აღიარა, რომ მადლიერი არ იყო იმ სიუხვით, რომელიც ადრე ჰქონდა გულში სიხარბის ქონის გამო.

ჩვენ მადლიერები უნდა ვიყოთ იმ ყველაფრისთვის, რაც ღმერთმა მოგვცა, მიუხედავად იმისა, რომ ბევრ ფულს ვერ ვშოულობთ. შემდეგ, სიხარბე ჩვენს გულში აღარ გაიზრდება და შევძლებთ ღმერთის კურთხევების მიღებას.

მაგრამ, როდესაც განვდევნით ბოროტებას და განვიწმინდებით, უფრო და უფრო ადვილი ხდება, რომ მომთმენნი ვიყოთ. ასე რთულ სიტუაციებსაც კი მშვიდად გავუძლებთ.

ლუკა 8:15-ში წერია, „პოხიერ ნიადაგზე დაცვენილნი კი ისინი არიან, რომლებიც ისმენენ სიტყვას, კეთილსა და სუფთა გულში იმარხავენ მას და ნაყოფიც გამოაქვთ მოთმინებით.“ სახელდობრ, იმ ადამიანებს, რომლებსაც კეთილი გული აქვთ, შეუძლიათ იყვნენ მომთმენნი სანამ კარგ ნაყოფს არ მოისხამენ.

თუმცა, მაინც გვჭირდება გამძლეობა და ძალისხმევით უნდა შევცვალოთ ჩვენი გულები კარგ ნიადაგად. სიწმინდის მიღწევა ავტომატურად შეუძლებელია, მხოლოდ იმიტომ რომ ჩვენ ეს გვსურს. ჩვენ საკუთარი თავები მორჩილები უნდა გავხადოთ გამუდმებით ლოცვით მთელი გულითა და მარხვით. უნდა შევწყვიტოთ იმის სიყვარული, რაც ერთ დროს გვიყვარდა და თუ კი რაიმე სულიერად სასარგებლო

არ არის, ჩვენ ეს უნდა გავდევნოთ. ჩვენ არ უნდა შევჩერდეთ შუა გზაზე ან უბრალოდ შევწყვიტოთ რამდენიმეჯერ ცდის შემდეგ. სანამ სიწმინდის ნაყოფს სრულყოფილად მოვისხამთ და სანამ ჩვენს მიზნებს მივაღწევთ, ჩვენ თვით-კონტროლი უნდა გვქონდეს და ვიქცეოდეთ ღმერთის სიტყვის მიხედვით.

ჩვენი რწმენის საბოლოო დანიშნულების ადგილი არის ზეცის სასუფეველი, და განსაკუთრებით იქ ყველაზე ლამაზი ადგილი, ახალი იერუსალიმი. ჩვენ გულმოდგინებით და მოთმინებით უნდა განვაგრძოთ სანამ ჩვენს დანიშნულების ადგილს მივაღწევთ.

მაგრამ ზოგჯერ, ჩვენ ვხედავთ შემთხვევებს, როდესაც ხალხი განიცდის შენელებას თავიანთი გულის განწმენდაში ბეჯითი ქრისტიანული ცხოვრების შემდეგ.

ისინი დევნიან „ხორცის სამუშაოებს" სწრაფად, რადგან ესენია ცოდვები, რომლებიც გარედან ადვილად შესამჩნევია. მაგრამ რადგან „ხორცის აზრები" გარედან არ არის გამოვლენილი, მათი განდევნის სისწრაფე ნელდება. როდესაც თავიანთ თავში არაჭეშმარიტებას პოულობენ, ისინი ძლიერად ლოცულობენ, რათა განდევნონ, მაგრამ რამდენიმე დღის შემდეგ გადაავიწყდებათ ხოლმე. თუ კი სარეველა ბალახის სრულყოფილად მოსპობა გსურს, შენ მას ფესვიანად იღებ. იგივე პრინციპი ეხება ცოდვილ ბუნებას. უნდა ილოცო და შეცვალო შენი გული ბოლომდე, სანამ ცოდვილი ბუნების ფესვებს არ მოსპობ.

როდესაც ახალი მორწმუნე ვიყავი, კონკრეტული ცოდვების განსადევნად ვლოცულობდი, მაგრამ ბიბლიის კითხვისას გავიგე, რომ ღმერთს სძულს ცოდვილი თვისებები, როგორიც არის მძულვარება, ტემპერამენტი და ამპარტავნობა. როდესაც გაბედულად მივყვებოდი

ეგოისტურ პერსპექტივებს, არ შემეძლო სიძულვილის და ბოროტი გრძნობების ჩემი გულიდან განდევნა. მაგრამ ლოცვაში ღმერთმა მომცა წყალობა, რომ სხვებისთვის გამეგო. ჩემი ყოველი მათდამი ცუდი გრძნობა დადნა და სიძულვილიც გაქრა.

როდესაც რისხვა გავდევნე, მე ვისწავლე, თუ როგორ უნდა ვყოფილიყავი მომთმენი. ისეთ სიტუაციაში, სადაც არასამართლიანად ვიყავი ბრალდებული, გულში ვითვლიდი, „ერთი, ორი, სამი, ოთხი..." და ვაკავებდი სიტყვებს, რომელთა თქმაც მსურდა. თავდაპირველად, რთული იყო ჩემი ტემპერამენტის შეკავება, მაგრამ მე არ შევწყვიტე ძალისხმევა და ჩემი რისხვა და გაღიზიანება თანდათანობით გაქრა. საბოლოოდ, მეტად არასასიამოვნო სიტუაციაშიც კი, არ მქონდა არაფერი, რაც ჩემი გონებიდან მოდიოდა.

დაახლოებით სამი წელი დამჭირდა ამპარტავნობის განსადევნად. როდესაც რწმენაში გამოუცდელი ვიყავი, არც კი ვიცოდი თუ რა იყო ამპარტავნობა, მაგრამ უბრალოდ ვლოცულობდი მის განსადევნად. ლოცვისას არ ვწყვეტდი საკუთარი თავის შემოწმებას. შედეგად, მე შევძელი იმ ადამიანების პატივისცემაც კი, რომლებიც ჩემთვის უფრო დაბალი პირები იყვნენ მრავალ ასპექტში. მოგვიანებით, მე ვემსახურებოდი სხვა პასტორებს იგივე დამოკიდებულებით, ჰქონდათ მათ ხელმძღვანელის როლები თუ უბრალოდ სასულიერო პირები იყვნენ. სამი წლის განმავლობაში მოთმინებით ლოცვის შემდეგ, მე გავაცნობიერე, რომ ჩემში აღარ მქონდა ამპარტავნობის თვისებები და აქედან მოყოლებული, აღარ მჭირდებოდა ლოცვა ამპარტავნობის განსადევნად.

თუ კი ცოდვილი ბუნების ფესვს არ ამოფხვრი, ცოდვის ეგ

გარკვეული თვისება უკიდურეს სიტუაციაში გამომჟღავნდება. შენ შეიძლება იმედგაცრუებული იყო, როდესაც გააცნობიერებ, რომ ჯერ კიდევ გაქვს არაჭეშმარიტი გულის თვისებები, რომლებიც უკვე განდევნილი გეგონა. შენ შეიძლება დადარდიანდე და იფიქრო, „მთელი ძალისხმევით ვცადე მისი განდევნა, მაგრამ ჯერ კიდევ ჩემშია."

შეიძლება არაჭეშმარიტების ფორმები იპოვნო შენში სანამ ცოდვილი ბუნების თავდაპირველ ფესვს არ აღმოფხვრი, მაგრამ ეს იმას არ ნიშნავს, რომ შენ სულიერი პროგრესი არ გაქვს. როდესაც ხახვს ფცქვნი, ზუსტად ერთი და იგივე ფენები მოდის და მოდის. მაგრამ თუ კი ფცქვნას განაგრძობ, ბოლოს ხახვი გაქრება. ეს იგივეა ცოდვილ ბუნებასთან. შენ არ უნდა დადარდიანდე მხოლოდ იმიტომ, რომ ჯერ სრულყოფილად არ განგიდევნია. ბოლომდე უნდა გქონდეს მოთმინება და განაგრძო ცდა კიდევ უფრო ძლიერად.

ზოგ ადამიანს გული უცრუვდება, თუ კი პირდაპირ მატერიალურ კურთხევებს არ მიიღებენ ღმერთის სიტყვით ქმედების შემდეგ. ისინი ფიქრობენ, რომ არაფერს იღებენ სამაგიეროდ და მხოლოდ დანაკარი აქვთ, როდესაც სიკეთეში მოქმედებენ. ზოგი ადამიანი ჩივის კიდეც, რომ ბეჯითად დადიან ეკლესიაში, მაგრამ არ იღებენ კურთხევებს. რა თქმა უნდა, საჩივარი მიზეზები არ არსებობს. ეს ის არის, რომ ისინი ღმერთისგან არ იღებენ კურთხევებს, რადგან ჯერ კიდევ ანხორციელებენ არაჭშმარიტებას და არ დევნიან იმ რაღაცეებს, რასაც ღმერთის გვეუბნება, რომ უნდა განვდევნოთ.

ის ფაქტი, რომ ისინი ჩივიან, ამტკიცებს, რომ მათი რწმენის ცენტრი შეუსაბამოა. შენ არ იღლები რწმენით სიკეთესა და ჭეშმარიტებაში იქცევი. რაც უფრო მეტად იქცევი სიკეთეში, უფრო მხიარული ხდები, ამიტომ უფრო

77

დიდსულოვნება

მეტი სიკეთე გსურს. როდესაც ამ გზით რწმენით იწმინდები, შენი სული აყვავდება, ყველაფერი წარმატებულად წაგივა და ჯანმრთელი იქნები.

მეორე ტიპის მოთმინება არის ადამიანებს შორის.

როდესაც ისეთ ხალხთან გაქვს ურთიერთობა, რომლებსაც განსხვავებული ხასიათები და ცოდნა აქვთ, შეიძლება სიტუაციები შეიცვალოს. განსაკუთრებით, ეკლესია არის ადგილი, სადაც ფართო რიგის წარსულის მქონდე ადამიანები იკრიბებიან. ამგვარად, შენ შეიძლება მათგან განსხვავებული აზრები გქონდეს და ამის გამო შესაძლოა სიმშვიდე დაირღვეს.

შემდეგ, ხალხმა შეიძლება თქვას, „მისი მსჯელობა ჩემი მსჯელობისგან სრულიად განსხვავდება. ჩემთვის რთულია მასთან ერთად მუშაობა, რადგან ჩვენ მეტად განსხვავებული პირადი თვისებები გვაქვს." მაგრამ ცოლსა და ქმარს შორისაც კი, რამდენ წყვილს ექნებოდა სავსებით შესანიშნავად შესაბამისი პიროვნული თვისებები? მათი ცხოვრების ჩვევები და გემოვნებები განსხვავდება, მაგრამ მათ ერთმანეთს უნდა დაუთმონ.

ის ადამიანები, რომლებსაც სიწმინდე სურთ, მომთმენნი იქნებიან ნებისმიერ სიტუაციაში ნებისმიერ ადამიანთან და შეინარჩუნებენ სიმშვიდეს. რთულ და არაკომფორტულ სიტუაციებშიც კი, ისინი ცდილობენ სხვებს კომფორტი შეუქმნან. მათ ყოველთვის ესმით სხვების კეთილი გულით. მაშინაც კი, როდესაც სხვები ბოროტულად იქცევიან, ისინი ამას უბრალოდ უძლებენ. ამ ბოროტებას მხოლოდ სიკეთით პასუხობენ და არა ბოროტებით.

ჩვენ ასევე უნდა ვიყოთ მომთმენნი, როდესაც სახარებას ვქადაგებთ ან რჩევას ვაძლევთ სულებს, ან როდესაც ეკლესიის მსახურებს ვავარჯიშებთ, რათა მივაღწიოთ

ღმერთის სასუფეველს. პასტორალური სამღვდელოებისას, მე ვხედავ ადამიანებს, რომელთა შეცვლაც ძალიან ნელა ხდება. როდესაც ისინი ამ სამყაროს უმეგობრდებიან და ღმერთს სახელს ურცხვენენ, მე ცრემლები მომდის დარდისგან, მაგრამ არასოდეს დავნებებივარ. მე ყოველთვის ვუძლებ მათ, რადგან იმედი მაქვს, რომ ერთ დღეს ისინი შეიცვლებიან.

როდესაც ეკლესიის მსახურებს ვზრდი, მე დიდი ხნის განმავლობაში მიწევს მოთმინება. მე არ შემიძლია უბრალოდ მათი დამორჩილება ან ძალის გამოყენება, რათა ის გააკეთონ, რაც მე მსურს. მიუხედავად იმისა, რომ ვიცი, რომ ყველაფრის მიღწევა უფრო ნელა მოხდება, მე არ შემიძლია ეკლესიის მსახურებისგან მათი მოვალეობის წართმევა და თქმა, "შენ ეს არ შეგიძლია. გათავისუფლებული ხარ." მე უბრალოდ ვუძლებ მათ და წინ ვუძღვები სანამ შეძლებდნენ. მე მათ ველოდები ხუთი, ათი ან თხუთმეტი წლის განმავლობაში, რათა შეძლონ თავიანთი მოვალეობების შესრულება სულიერი ვარჯიშის დახმარებით.

არა მხოლოდ მაშინ, როდესაც საერთოდ ვერ ისხამენ ნაყოფს, მაგრამ აგრეთვე მაშინ, როდესაც შეცდომას უშვებენ, მე ვითმენ ამას, რათა არ წაბორძიკდნენ. შეიძლება უფრო ადვილი იყოს, თუ კი ადამიანი, რომელსაც ამის გაკეთება შეუძლია, მის მაგივრად გააკეთებს. მაგრამ მე ამას თითოეული სულისთვის ვაკეთებ. ასევე იმისათვის, რომ უფრო სრულყოფილად მივაღწიოთ ღმერთის სამეფოს.

თუ კი ამ გზით მოთმინების თესლს დათესავ, შენ უდავოდ მიიღებ ნაყოფს ღმერთის სამართლიანობის თანახმად. მაგალითად, თუ კი მოითმენ, სანამ სულები შეიცვლებიან, მათთვის ცრემლებით ლოცვით, შენ გექნება მათი დასატევი დიდი გული. ამგვარად, შენ მიიღებ

ძალაუფლებას, რომ გააცოცხლო მრავალი სული. შენ შეიძენ ძალას, რომ შეცვალო სულები სამართლიანი ადამიანის ლოცვით. ასევე, თუ კი შენს გულს გააკონტროლებ და მოთმინების თესლს დათესავ, ღმერთი კურთხევების ნაყოფს მოგასხმევინებს.

მესამე მოთმინება არის მომთმინება ჩვენს ღმერთთან ურთიერთობაში.

ეს ეხება მოთმინებას, რომელიც უნდა გქონდეს, სანამ შენს ლოცვაზე პასუხს არ მიიღებ. მარკოზი 11:24-ში წერია, „ამიტომ გეუბნებით თქვენ: რასაც ლოცვაში ითხოვთ, გწამდეთ, ყველაფერს მიიღებთ და მოგეცემათ." თუ კი რწმენა გვაქვს, ჩვენ ბიბლიის 66 წიგნის ყოველ სიტყვას ვიწამებთ. არსებობს ღმერთის დაპირებები, რომ მივიღებთ, რასაც ვითხოვთ და ამგვარად ლოცვით ნებისმიერ რამეს მივაღწევთ.

მაგრამ რა თქმა უნდა, ეს იმას არ ნიშნავს, რომ ჩვენ უბრალოდ უნდა ვილოცოთ და არაფერი ვაკეთოთ. ჩვენ უნდა განვახორციელოთ ღმერთს სიტყვა ისეთი გზით, რომ ლოცვებზე პასუხები მივიღოთ. მაგალითად, სტუდენტი, რომლის ნიშნებიც საშუალოა, ლოცულობს, რომ ფრიადოსანი გახდეს. მაგრამ იგი კლასში ოცნებობს და არ სწავლობს. შეძლებს იგი ფრიადოსანი გახდეს? მან მთელი ძალისხმევით უნდა ისწავლოს იმ ლოცვასთან ერთად, რომ ღმერთი დაეხმარება ფრიადოსანი გახდეს.

იგივე ეხება ბიზნესს. შენ შენი ბიზნესისთვის დარწმუნებით ლოცულობ, რათა წარმატებას მიაღწიო, მაგრამ შენი მიზანია გქონდეს მეორე სახლი, ფული დააბანდო უძრავ ქონებაში და მდიდრული მანქანა იყიდო. შეძლებ შენს ლოცვებზე პასუხების მიღებას? რა თქმა უნდა, ღმერთს სურს რომ მისმა შვილებმა უხვი სიცოცხლით

იცოხვრონ, მაგრამ ღმერთს არ ესიამოვნება ლოცვები, რომლებშიც მას შენი სიხარბის დაკმაყოფილებას სთხოვ. მაგრამ თუ გსურს, რომ მისიონერული საქმეების დასახმარებლად მიიღო კურთხევები, და თუ კი სწორ გზას დაადგები, ღმერთი უდავოდ წარგიძღვება კურთხევების გზისაკენ.

ბიბლიაში მრავალი დაპირება არსებობს, რომ ღმერთის თავისი შვილების ლოცვებს უპასუხებს. მაგრამ ხშირ შემთხვევაში ხალხი ვერ იღებს პასუხებს, რადგან საკმარისად მომთმენნი არ არიან. ხალხმა შეიძლება ითხოვოს დაუყოვნებლივი პასუხის მიღება, მაგრამ ღმერთმა შეიძლება მათ მაშინათვე არ უპასუხოს.

ღმერთი მათ ყველაზე შესაფერის და ხელსაყრელ დროს პასუხობს, რადგან მან ყველაფერი იცის. თუ კი მათი ლოცვის თხოვნა არის რაიმე დიდი და მნიშვნელოვანი, ღმერთს შეუძლია მათ მხოლოდ მაშინ უპასუხოს, როდესაც ლოცვების რაოდენობა შეივსება. როდესაც დანიელმა ილოცა სულიერი რაღაცეების გამომჟღავნებისთვის, ღმერთმა გაგზავნა თავისი ანგელოზი დანიელის ლოცვისთვის პასუხის გასაცემად, როგორც კი მან ლოცვა დაიწყო. მაგრამ 21 დღე დასჭირდა, სანამ დანიელი ანგელოზს შეხვდებოდა. 21 დღის განმავლობაში დანიელი ლოცულობდა იგივე მართალი გულით, როგორიც ლოცვის დასაწყისში ჰქონდა. თუ ჩვენ მართლა გვწამს, რომ უკვე რაიმე მოგვეცა, მაშინ მისთვის მოთმინება არ არის რთული. ჩვენ მხოლოდ სიხარულზე ვიფიქრებთ, რომელიც მაშინ გვექნება, როდესაც პრობლემებზე პასუხებს მივიღებთ.

ზოგ მორწმუნეს არ შეუძლია მოთმენა, სანამ ღმერთისგან ლოცვაზე პასუხს არ მიიღებენ. მათ შეიძლება ილოცონ და იმარხულონ, რომ ღმერთს ჰკითხონ, მაგრამ თუ კი სწრაფად არ მიიღებენ პასუხს, შეიძლება დანებდნენ და

იფიქრონ, რომ ღმერთი აღარ უპასუხებს მათ.

თუ კი ჭეშმარიტად გვწამს და ვლოცულობთ, მაშინ ჩვენ არ დავნებდებით. ჩვენ არ ვიცით, თუ როდის მივიღებთ პასუხს: ხვალ, დღეს ღამით, ლოცვის შემდეგ თუ ერთი წლის შემდეგ. ღმერთმა იცის ზუსტი შესაფერისი დრო, რომ პასუხი მოგვცეს.

იაკობი 1:6-8-ში წერია, „მაგრამ, დე, სთხოვოს რწმენით, ყოველგვარი ეჭვის გარეშე, რადგან მეჭველი ზღვის ტალღასა ჰგავს, ქარით ღელვილსა და მიმოტაცებულს. ნუ ეგონება ამნაირ კაცს, თითქოს რაიმეს მიიღებს ღვთისგან. ორგული კაცი უმტკიცოა ყველა მისეულ გზაზე."

ერთადერთი მნიშვნელოვანი რამ არის ის, რომ ჩვენ მტკიცედ გვწამს, როდესაც ვლოცულობთ. თუ კი მართლა გვწამს, რომ უკვე მივიღეთ პასუხი, ჩვენ შეგვიძლია ვიყოთ ბედნიერები და კმაყოფილები ნებისმიერ სიტუაციაში. თუ გვაქვს რწმენა, რომლითაც პასუხს მივიღებთ, ჩვენ ვილოცებთ და ვიმოქმედებთ რწმენით, სანამ ნაყოფი არ მოგვეცემა. გარდა ამისა, როდესაც დავნაღვლიანდებით ან გვდევნიან ღმერთის საქმის კეთების დროს, ჩვენ სიკეთის ნაყოფის მოსხმა, მხოლოდ მოთმინებით შეგვიძლია.

რწმენის მამების დიდსულოვნება

მარათონის სირბილისას მრავალი რთული მომენტები იქნება. და კურსის დამთავრების სიხარული ასეთი რთული მომენტების დამარცხების შემდეგ, ისეთი დიდი იქნება, რომ მხოლოდ ის ადამიანები გაიგებენ ამას, რომლებმაც ეს თვითონ გამოცადეს. ღმერთის შვილები, რომლებიც რწმენის რბოლაზე არიან, დროდადრო ასევე ხვდებიან სირთულეებს, მაგრამ იესო ქრისტეს მიბაძვით, მათ ნებისმიერი რამის დაძლევა შეუძლიათ. ღმერთი მათ თავის

წყალობას და ძალას მისცემს და სული წმინდაც დაეხმარებათ მათ.

ებრაელთა 12:1-2 ამბობს, „ამიტომ ჩვენც, რაკიღა ღრუბელივით გარს გვახვევია ესოდენ მრავალი მოწმე, ჩამოვიშოროთ ყოველგვარი სიმძიმე თუ ხელ-ფეხ შემკვრელი ცოდვა და მოთმინებით გავლიოთ ჩვენს წინაშე მდებარე სარბიელი. თვალი მივაპყროთ იესოს, რწმენის წინამძღვარსა და სრულმყოფს, მის წინაშე მდებარე სიხარულის წილ რომ დაითმინა ჯვარი, უგულებელყო სირცხვილი და დაჯდა ღვთის ტახტის მარჯვნივ."

იესო დიდი აბუჩად აგდებისგან და დაცინვისგან იტანჯებოდა, სანამ ხსნის განგება არ შეასრულა. მაგრამ რადგან მან იცოდა, რომ ღმერთის ტახტის მარჯვენა მხარეს დაჯდებოდა და რომ ხსნა მიეცემოდა ადამიანთა მოდგმას, მან ყველაფერს ბოლომდე გაუძლო და არ ნაღვლობდა ფიზიკურ შერცხვენაზე. ყველაფრის შემდეგ, იგი მოკვდა ჯვარზე მთელი ადამიანთა მოდგმის ცოდვების თავის თავზე აღებით, მაგრამ აღსდგა მესამე დღეს და გახსნა ხსნის გზა. ღმერთმა იესო მეფეთა მეფედ და უფალთა უფლად წარადგინა, რადგან სიკვდილის ბოლომდე სიყვარულითა და რწმენით ემორჩილებოდა მას.

იაკობი იყო აბრაამის შვილიშვილი და იგი გახდა ისრაელის ერის მამა. მას შეუპოვარი გული ჰქონდა. მან თავის ძმას, ესავს დაბადების უფლება წაართვა მოტყუებით და ჰარანში გაიქცა. ბეთლემში კი მან ღმერთის დანაპირები მიიღო.

დაბადება 28:13-15 ამბობს, „...ეს მიწა, რომელზედაც წევხარ, შენთვისა და შენი შთამომავლობისთვის მომიცია.. შენი შთამომავლობა ქვიშასავით მრავალრიცხოვანი იქნება და განივრცობი დასავლეთისკენ, აღმოსავლეთისკენ, ჩრდილოეთისკენ და სამხრეთისკენ; შენითა და შენი

შთამომავლობით იკურთხება მიწიერთა მთელი მოდგმა. აჰა, შენთანა ვარ და ყველგან დაგიფარავ, სადაც კი წახვალ; კვლავ დაგაბრუნებ ამ მიწაზე, არ მიგატოვებ, ვიდრე არ აგისრულებ ყველაფერს, რაც გითხარი." იაკობმა გაუძლო ოც წლიან გამოცდებს და საბოლოოდ გახდა მთელი ისრაელის მამა.

იოსები იაკობის მეთერთმეტე შვილი იყო და ყველა ძმაში მან მიიღო მამის მთელი სიყვარული. ერთ დღეს საკუთარმა ძმებმა, იგი ეგვიპტეს მონად მიჰყიდეს. იგი მონა გახდა უცხო ქვეყანაში, მაგრამ ამას არ დაუდარდიანებია. იგი ძლიერად შრომობდა და პატრონმა მისი ერთგულება აღიარა. მისი სიტუაცია გაუმჯობესდა და ახლა სახლის საქმეებს უძღვებოდა, მაგრამ არაკანონიერად გაასამართლეს და პოლიტიკურ ციხეში დაამწყვდიეს.

რა თქმა უნდა, ყველაფერი ღმერთის წყალობა იყო, რათა მოემზადებინა იგი, რომ ეგვიპტის პრემიერ მინისტრი გამხდარიყო. მაგრამ ეს ღმერთის გარდა არავინ იცოდა. მაინც, იოსები არ დადარდიანებულა ციხეში, რადგან მას ჰქონდა რწმენა და სწამდა ღმერთის დანაპირების, რომელიც მას ბავშვობაში გადაეცა. მას სწამდა, რომ ღმერთი შეასრულებდა მის ოცნებას, რომელშიც მზე და მთვარე და თერთმეტი ვარსკვლავი ცაში მას დაუჩოქებდა და იგი არც ერთ სიტუაციაში არ შერყეულა. იგი მთლიანად ღმერთს ენდობოდა და გაუძლო ყველაფერს და მიჰყვებოდა სწორ გზას ღმერთის სიტყვის თანახმად. მისი რწმენა იყო ჭეშმარიტი რწმენა.

რა მოხდებოდა, თუ კი შენ ასეთივე სიტუაციაში იქნებოდი? წარმოგიდგენია რას გრძნობდა იგი 13 წლის განმავლობაში მას შემდეგ რაც ძმება მონად გაჰყიდეს? შენ ალბათ ძალიან ბევრს ილოცებ ღმერთის წინაშე, რათა ასეთი სიტუაციიდან გამოხვიდე. ალბათ შეამოწმებ საკუთარ

თავს და მოინანიებ ყველაფერს, რათა ღმერთისგან პასუხი მიიღო. შენ ასევე ითხოვ ღმერთის წყალობას მრავალი ცრემლითა და დარწმუნებითი სიტყვებით. და თუ კი პასუხს ვერ მიიღებ ერთი, ორი ან ათი წელიც კი, მაგრამ კიდევ უფრო რთულ სიტუაციებში აღმოჩნდები, როგორ იგრძნობ თავს?

იგი ციხეში ჩასვეს თავისი ცხოვრების ყველაზე ენერგიულ დროს და როდესაც ხედავდა თუ როგორ უმნიშვნელოდ გადიოდა დრო, იგი თავს ალბათ ძალიან უბედურად იგრძნობდა რწმენა რომ არ ჰქონოდა. თუ კი მამამისის სახლში ლამაზ ცხოვრებაზე იფიქრებდა, თავს კიდევ უფრო უბედურად იგრძნობდა. მაგრამ იოსები ყოველთვის ენდობოდა ღმერთს, რომელიც მას უყურებდა და მტკიცედ სწამდა ღმერთის სიყვარულის, რომელიც საუკეთესოს აძლევდა მას ყველაზე შესაფერის დროს. მას იმედი არასოდეს დაუკარგავს მძიმე გამოცდებისას და ერთგულებითა და სიკეთით იქცეოდა და იყო მომთმენი, სანამ მისი ოცნება არ ასრულდა.

დავითიც აღიარა ღმერთმა როგორც კაცი, რომელიც ღმერთის გულის მიმდევარი იყო. მაგრამ მას შემდეგაც, რაც მირონცხებულ იქნა როგორც მომდევნო მეფე, მას მრავალი გამოცდა შეხვდა, იმის ჩათვლით, როდესაც მეფე საული დევნიდა მას. იგი მრავალ სასიკვდილო სიტუაციაში აღმოჩნდა. მაგრამ ამ ყველა სირთულის რწმენით გაძლებით, იგი გახდა დიდებული მეფე, რომელმაც შეძლო მთელი ისრაელის მართვა.

იაკობი 1:3-4 ამბობს, „...რაკიღა იცით, რომ გამოცდა თქვენი რწმენისა დასაბამს აძლევს მოთმინებას; მოთმინების საქმე კი სრულყოფილი უნდა იყოს, რათა თვითონაც სრულქმნილი იყოთ და უზადონი, ყოველგვარი ნაკლის გარეშე.“ მე მოგიწოდებ, რომ ასეთი მოთმინება

გააშენო სრულყოფიანად. ეს მოთმინება გაზრდის შენს რწმენას და გააფართოვებს და გააღრმავებს შენს გულს, რათა უფრო დამწიფდეს. შენ გამოცდი ღმერთის კურთხევებსა და პასუხებს, რომლებსაც იგი დაგპირდა, თუ კი სრულყოფილად მიაღწევ მოთმინებას (ებრაელთა 10:36).

დიდსულოვნება ზეციურ სასუფეველში შესასვლელად

ჩვენ გვჭირდება მოთმინება ზეციურ სასუფეველში შესასვლელად. ზოგი ამბობს, რომ სამყაროთი ისიამოვნებს, როდესაც ახალგაზრდები არიან და ეკლესიაში სიარულს მაშინ დაიწყებენ, როდესაც მოხუცდებიან. ზოგი კი რწმენის ბეჯით ცხოვრებას უძღვება უფლის მოსვლის იმედით, მაგრამ შემდეგ კარგავენ მოთმინებას და აზრს იცვლიან. რადგან უფალი ისე სწრაფად არ მოდის, როგორც მათ სურთ, ისინი გრძნობენ, რომ რთულია რწმენაში ცხოვრების გაგრძელება. ამბობენ, რომ ცოტახანი დაისვენებენ და შეწყვეტენ ღმერთის საქმის კეთებას და როდესაც უფლის მოსვლის ნიშანს ნახავენ, მაშინ უფრო მეტად შეეცდებიან.

მაგრამ არავინ იცის, თუ როდის დაუძახებს ღმერთი ჩვენს სულებს ან როდის დაბრუნდება უფალი. მაშინაც კი, რომ წინასწარ ვიცოდეთ უფლის მოსვლის დრო, ჩვენ ვერ გვექნება ის რწმენა, რომელიც გვინდა. ადამიანებს არ შეუძლიათ უბრალოდ სულიერი რწმენა ჰქონდეთ, რათა ხსნა მიიღონ. ეს მათ მხოლოდ ღმერთის წყალობით ეძლევათ. არც ეშმაკი და სატანა არ მისცემენ მათ საშუალებას ასე ადვილად მიიღონ ხსნა. გარდა ამისა, თუ კი იმის იმედი გაქვს, რომ ზეცაში ახალ იერუსალიმში წახვალ, მოთმინებაში ყველაფრის გაკეთებას შეძლებ.

ფსალმუნნი 126:5-6 ამბობს, „ცრემლით მთესველნი

სიმღერით მოიმკიან. მიდის და ტირის მთესველი თესლისა, მოდის და სიმღერით მოაქვს ძნები თავისი." აუცილებლად უნდა იყოს ჩვენი ძალისხმევები, ცრემლები და გლოვა, როდესაც თესლებს ვთესავთ და ვზრდით. ზოგჯერ, საჭირო წვიმა შეიძლება არ მოვიდეს ან ქარიშხალი ამოვარდეს ან ზედმეტი წვიმა მოვიდეს და დააზიანოს მოსავალი. მაგრამ საბოლოოდ ჩვენ უდავოდ გვექნება დიდი მოსავლი სამართლიანობის წესების მიხედვით.

შღმერთი ათასი წლობით ელოდება, რათა ჭეშმარიტი შვილები მიიღოს და მან იმის ტკივილიც კი განიცადა, რომ საკუთარი, ერთადერთი ძე შემოგვწირა. უფალმა გაუძლო ჯვარცმას და სული წმინდაც უძლებს აღუწერელ დარდს ადამიანთა განვითარების გაშენების პერიოდში. მე იმედი მაქვს, რომ შენ გააშენებ სრულყოფილ, სულიერ მოთმინებას, დაიმახსოვრებ ღმერთის სიყვარულს, რათა გქონდეს კურთხევების ნაყოფები დედამიწაზეც და ზეცაშიც.

ლუკა 6:36

„მაშ, იყავით გულმოწყალენი, ისევე როგორც გულმოწყალეა მამა თქვენი."

თავი 6

სიტკბოება

სხვების გაგება და მიტევება სიტკბოების ნაყოფით
უფლის მსგავსი გულის და ქმედებების ქონის
საჭიროება
ცრურწმენის განდევნა სიკეთის ქონისათვის
წყალობა იმ ადამიანებისთვის, რომლებიც რთულ
სიტუაციებში არიან
ადვილად არ აღნიშნო სხვა ადამიანების ნაკლოვანებები
ყველასთან იყავი სულგრძელი
პატივი მიაკუთვნე სხვებს

სიტკბოება

ზოგჯერ ხალხი ამბობს, რომ არ შეუძლიათ გაუგონ კონკრეტულ პირებს, მიუხედავად იმისა, რომ ცდილობენ ამის გაკეთებას, ან რომ სცადეს მათი პატიება, მაგრამ ვერ შეძლეს. მაგრამ თუ კი გულში სიკეთის ნაყოფი გაქვს მოსხმული, არ არსებობს ისეთი რამ, რასაც ვერ გავიგებთ და არავინ არის, რომელსაც ვერ მივუტევებთ. ჩვენ შევძლებთ ნებისმიერ ადამიანს გავუგოთ სიკეთით და სიყვარულით მივიღებთ მას. ჩვენ არ ვიტყოდით, რომ ერთი ადამიანი უფრო მოგვწონს გარკვეული მიზეზის გამო და რომ სხვა არ მოგვწონს რაიმე სხვა მიზეზის გამო. ჩვენ არავინ შეგვძულდებოდა.

სხვების გაგება და მიტევება სიტკბოების ნაყოფით

სიტკბოება არის სიკეთის თვისება ან ვითარება. მაგრამ სიტკბოების სულიერი თვისება არის ნაწილობრივ წყალობასთან უფრო ახლოს. და, წყალობის სულიერი მნიშვნელობა კი არის „ჭეშმარიტებაში ისეთი ადამიანების გაგებაც კი, რომლებსაც ვერავინ უგებს." ეს ასევე არის გული, რომელსაც ჭეშმარიტებაში შეუძლია ადამიანების პატიება, რომლებსაც სხვები ვერ პატიობენ. ღმერთი გვიჩვენებს ადამიანთა მოდგმისადმი თანაგრძნობას მოწყალე გულით.

ფსალმუნნი 129:3 ამბობს, „თუ ცოდვებს შემოგვინახავ, უფალო, ვინ დაგიდგება?" როგორც წერია, ღმერთს რომ წყალობა არ ჰქონოდა და სამართლიანობის მიხედვით განვესაჯეთ, ვერავინ წარსდგებოდა ღმერთის წინაშე. მაგრამ ღმერთმა მოგვიტევა და მიიღო ის ადამიანებიც კი, რომელთა მიტევება შეუძლებელი იყო სამართლიანობის მიხედვით. გარდა ამისა, ღმერთმა თავისი ერთადერთი ძის სიცოცხლე გასცა, რათა ადამიანები საუკუნო სიკვდილისგან გაეთავისუფლებინა. რადგან ჩვენ გავხდით ღმერთის შვილები უფალში რწმენით, მას სურს, რომ ჩვენ ეს წყალობის გული გავაშენოთ. ამ მიზეზის გამო, ღმერთი

ამბობს ლუკა 6:36-ში, „მაშ, იყავით გულმოწყალენი, ისევე როგორც გულმოწყალეა მამა თქვენი."

ეს წყალობა ნაწილობრივ არის სიყვარულის მგსავსი, მაგრამ ასევე განსხვავდება სხვადასხვა ფორმით. სულიერ სიყვარულს შეუძლია საკუთარი თავის განწირვა სხვებისთვის უკან არაფრის მოთხოვნით, როდესაც წყალობა უფრო ადამიანის შენდობა და მიღებაა. სახელდობრ, ეს არის ის, როდესაც შეგიძლია ადამიანის თვისებების მიღება და როდესაც არ გძულს იგი, მიუხედავად იმისა, რომ იგი არ იმსახურებს სიყვარულის მიღებას. შენ არ შეგძულდებოდა არავინ, რადგან მისი აზრები განსხვავდება შენისგან, მაგრამ სამაგიეროდ შენ შეგიძლია გახდე მისი ძალა და ნუგეში. თუ კი გაქვს თბილი გული, რომ სხვების მიღება შეძლო, შენ არ გამოამჟღავნებ მათ ბოროტებას ან შეცდომებს, და დაფარავ და მიიღებ მათ, რათა ლამაზი ურთიერთობა გქონდეს მათთან.

იყო ერთი შემთხვევა, რომელმაც წყალობის ეს გული ნათლად გამოამჟღავნა. ერთ დღეს იესო მთელი ღამე ზეთისხილის მთაზე ლოცულობდა და დილით ტაძარში მივიდა. მრავალი ადამიანი შეიკრიბა იქ და მღელვარება დაიწყო, როდესაც იესო ღმერთის სიტყვას ქადაგებდა. იქ იყვნენ ფარისევლები და მწიგნობრები, რომლებმაც იესოს ქალი მიუყვანეს. ქალი შიშისგან კანკალებდა.

მათ უთხრეს იესოს, რომ ქალი მრუშობისას დაიჭირეს და ჰკითხეს მას, თუ რას უზამდა ქალს, რადგან რჯული ამბობდა, რომ იგი უნდა ჩაექოლათ. თუ კი იესო იტყოდა, რომ ქალი უნდა ჩაქოლილიყო, ეს არ იქნებოდა მისი ქადაგებების მიხედვით, რომელიც ამბობს „გიყვარდეთ თქვენი მტერნი." მაგრამ, თუ კი ეტყოდა, რომ ქალისთვის მიეტევებინათ, ეს რჯული დარღვევა იქნებოდა. ეს ისე იყო, რომ თითქოს იესო რთულ სიტუაციაში აღმომჩდარიყო. თუმცა, იესომ უბრალოდ დაწერა რაღაც მიწაზე და თქვა, „ვინც თქვენს შორის უცოდველია, პირველად იმან ესროლოს ქვა" (იოანე 8:7). ხალხს სინდისის ქენჯნამ

შეაწუხა და სათითაოდ დატოვეს ის ადგილი. საბოლოოდ ყველა წავიდა და იესო და ქალი დარჩნენ მარტო.
იოანე 8:11-ში მას იესომ უთხრა, „არც მე განგსჯი. წადი და ამიერიდან ნუღარა სცოდავ." გამონათქვამი, „არც მე განგსჯი," ნიშნავს იმას, რომ მან მას მიუტევა. იესომ მიუტევა ქალს, რომლის მიტევებაც არ შეიძლებოდა და მისცა მას შანსი შემობრუნებულიყო თავისი ცოდვებიდან. ეს არის მოწყალე გული.

უფლის მსგავსი გულის და ქმედებების ქონის საჭიროება

წყალობა არის ჭეშმარიტად მიტევება და მტრების სიყვარული. ზუსტად როგორც დედა ზრუნავს თავის ახალდაბადებულ შვილზე, ჩვენ ნებისმიერი ადამიანი უნდა მივიღოთ. მაშინაც კი, როდესაც ადამიანებს დიდი ნაკლოვანებები აქვთ ან ცოდვები აქვთ ჩადენილი, ჩვენ ჯერ მოწყალების გრძნობა გვექნება მათ მიმართ და არა განსჯის და განკიცხვის. ჩვენ შეგვძულდება ცოდვები, მაგრამ არა მცოდველი; ჩვენ გავუგებთ ამ ადამიანს და დავეხმარებით იცხოვროს.
ვთქვათ არსებობს ბავშვი, რომელსაც ძალიან სუსტი სხეული აქვს და ადვილად ხდება ავად. რას იგრძნობს დედა ამ შვილის მიმართ? იგი არ იფიქრებს, თუ რატომ დაიბადა ბავშვი ასეთი და დედა რატომ გააწვალა ასე. იგი შვილს ამის გამო არ შეიძულებდა. მას კიდევ უფრო მეტი სიყვარული და ნუგეში ექნება მის მიმართ.
იყო ერთი დედა, რომლის ვაჟი გონებრივად შეზღუდული იყო. სანამ იგი ოცი წლის გახდებოდა, მისი გონებრივი ასაკი იყო ორი წლის ბავშვივით, და დედა ერთი წამითაც კი ვერ აცილებდა თვალს. მიუხედავად ამისა, მას არასოდეს უფიქრია, რომ თავისი ვაჟის გაზრდა რთული იყო. მას ვაჟის მიმართ უბრალოდ ნუგეშის და სიბრალულის გრძნობა ჰქონდა. თუ კი წყალობის ასეთ ნაყოფს მოვისხამთ, ჩვენ

წყალობა არა მარტო საკუთარი შვილებისთვის გვექნება, არამედ ნებისმიერი ადამიანისთვის.

იესო ქადაგებდა ზეციური სასუფევლის სახარებას თავისი სამღვდელოების დროს. მისი ძირითადი მსმენელი მდიდარი და ძლიერი ხალხი არ იყო, არამედ ადამიანები, რომლებიც ღარიბები და მიტოვებულები იყვნენ ან რომლებსაც ხალხი ცოდვილებად თვლიდნენ, როგორებიც იყვნენ გადასახადების ამკრეფები ან მეძავები.

იგივე იყო როდესაც იესომ თავისი მოწაფეები აირჩია. ხალხმა შეიძლება იფიქროს, რომ უფრო ბრძნული იქნებოდა თუ კი იგი მოწაფეებს იმ ადამიანებიდან აირჩევდა, რომლებმაც ღმერთის რჯული კარგად იცოდნენ, რადგან უფრო ადვილი იქნებოდა მათთვის ღმერთის სიტყვის სწავლება. მაგრამ იესოს ასეთი ხალხი არ აურჩევია. მოწაფეებად მან აირჩია მათე, რომელიც გადასახადების ამკრები იყო; და პეტრე, ანდრია, იაკობი და იოანე, რომლებიც მეთევზეები იყვნენ.

იესომ ასევე განკურნა მრავალი დაავადება. ერთ დღეს, მან განკურნა ადამიანი, რომელიც 38 წლის განმავლობაში ავად იყო და ელოდებოდა ბეთეზდას აუზის წყლის დინებას. იგი ტკივილში ცხოვრობდა და აღარ ჰქონდა სიცოცხლის იმედი და არავინ აქცევდა მას ყურადღებას. მაგრამ იესო მივიდა და ჰკითხა მას, „გსურს გამოჯანმრთელდე?“ და განკურნა იგი.

იესომ ასევე განკურნა ქალი, რომელსაც ოცი წლის განმავლობაში სისხლდენა ჰქონდა. მან თვალი აუხილა ბარტიმეოსს, რომელიც ბრმა გლახაკი იყო (მათე 9:20-22; მარკოზი 10:46-52). როდესაც ნაინში მიდიოდა, მან დაინახა ქვრივი ქალი, რომელსაც ერთადერთი ვაჟი გარდაეცვალა. მას იგი შეეცოდა და გააცოცხლა მისი ვაჟი (ლუკა 7:11-15). გარდა ამისა, იგი იმ ადამიანებზე ზრუნავდა, რომლებსაც სხვები ავიწროებდნენ. იგი დაუმეგობრდა მიტოვებულ ხალხს, როგორებიც იყვნენ გადასახდელების ამკრეფები და

ცოდვილები.

ზოგმა ადამიანმა იგი გააკრიტიკა, რადგან ცოდვილებთან ერთად ჭამდა, „რატომ ჭამს და სვამს თქვენი მოძღვარი მებაჟეებსა და ცოდვილებთან ერთად?“ (მათე 9:11) მაგრამ, როდესაც იესომ ეს გაიგო, მან თქვა, „კარგად მყოფთ კი არ სჭირდებათ მკურნალი, არამედ ავადმყოფთ. თქვენ კი წადით და ისწავლეთ, რას ნიშნავს ეს: „წყალობა მნებავს და არა მსხვერპლი; ვინაიდან მართალთა სახმობლად კი არ მოვსულვარ, არამედ ცოდვილთა სინანულად“ (მათე 9:12-13). მან გვასწავლა ნუგეშის და მოწყალების გული ცოდვილთა და დაავადებულთათვის.

იესო არ მოსულა მხოლოდ მდიდარი და სამართლიანი ხალხისთვის, არამედ გაჭირვებულებისთვის, დაავადებულებისთვის და ცოდვილებისთვის. ჩვენ სწრაფად შეგვიძლია წყალობის ნაყოფის მოსხმა, როდესაც იესოს ასეთ გულს და ქმედებებს ვემსგავსებით. ახლა, მოდით განვიხილოთ, თუ რა უნდა გავაკეთოთ, რომ მოწყალების ნაყოფი მოვისხათ.

ცრურწმენის განდევნა სიკეთის ქონისათვის

ამქვეყნიური ადამიანები ხშირად სხვებს მათი გარეგნობის გამო კიცხავენ. მათი დამოკიდებულება ხალხის მიმართ იცვლება იმის და მიხედვით, არიან თუ არა ისინი ცნობილები ან მდიდრები. ღმერთის შვილებმა არ უნდა განსაჯონ სხვები მათი შეხედულებით ან დამოკიდებულება შეიცვალონ ამის გამო. ჩვენ პატარა ბავშვებიც უნდა მივიჩნიოთ ან ის ადამიანები, რომლებიც ისე ჩანს, რომ ჩვენზე უკეთესები არიან და ვემსახუროთ მათ უფლის გულით.

იაკობი 2:1-4 ამბობს, „ძმანო ჩემნო, დაე, თქვენი რწმენისათვის, რომლითაც გწამთ ჩვენი დიდების უფალი იესო ქრისტე, უცხო იყოს მიკერძოება. რადგან თუ თქვენს სინაგოგაში შემოვა ოქროსბეჭდიანი და ბრწყინვალე

სამოსით მოსილი კაცი, და შემოვა გლახაკიც ჭუჭყიანი სამოსით, შეხედავთ ბრწყინვალე სამოსით მოსილს და ეტყვით: „აქ დაბრძანდითო,“ გლახაკს კი – „მანდ დადექი, ანდა: ჩემს ფერხთით დათქიო,“ განა თქვენშივე არ განიკითხავთ მათ და უკეთური ზრახვით განმკითხველი მსაჯულნი არა ხართ?“

ასევე, 1 პეტრე 1:17 ამბობს, „თუკი მამას უწოდებთ მას, ვინც პირუთვნელად განსჯის ყველას, თანახმად მისი საქმისა, მოშიშებით გალიეთ თქვენი ხიზნობის ყავლი.“

თუ კი მოწყალების ნაყოფს მოვისხამთ, ჩვენ არ განვსჯით და განვკიცხავთ სხვებს მათი შესახედაობით. ჩვენ ასევე უნდა შევამოწმოთ, რომ ცრურწმენა ან ფავორიტიზმი არ გვქონდეს სულიერი გაგებით. არსებობენ ადამიანები, რომლებიც სწრაფად ვერ იგებენ სულიერ საქმეებს. ზოგს აქვს სხეულის რაიმე დეფიციტი, ამიტომ შეიძლება ისეთი რამე თქვან ან გააკეთონ, რაც გარკვეულ სიტუაციაში შეიძლება კონტექსტში არ ჩაჯდეს. მაინც, სხვები ისე იქცევიან, რაც უფლის მანერებს არ შეეფერება.

როდესაც ასეთ ხალხს უყურებ ან მათთან კონტაქტში შედიხარ, თავს იმედგაცრუებულად არ გრძნობ? არ უყურებდი მათ ზემოდან ან არ არიდებდი მათ თავს? არ გამოგიწვევია სხვების შერცხვენა შენი აგრესიული სიტყვებით ან უზრდელური დამოკიდებულებით?

ასევე, ზოგი ადამიანი სხვებზე ლაპარაკობს და კიცხავს, თითქოს მოსამართლე იყოს, როდესაც სხვამ ცოდვა ჩაიდინა. როდესაც ქალი, რომელმაც იმრუშა, იესოსთან მიიყვანეს, მრავალმა ადამიანმა თითი გაიშვირა მისკენ და გაკიცხეს და განსაჯეს. მაგრამ იესოს არ განუკიცხავს იგი და ხსნის შანსი მისცა. თუ კი ასეთი მოწყალების გული გაქვს, მაშინ თანაგრძნობის გრძნობა გექნება ისეთი ადამიანების მიმართ, რომლებიც ცოდვების გამო ისჯებიან და იმედი გექნება, რომ ამას დაძლევენ.

წყალობა იმ ადამიანებისთვის, რომლებიც რთულ სიტუაციებში არიან

თუ კი მოწყალენი ვართ, ჩვენ ნუგეშის გრძნობა გვექნება იმ ადამიანების მიმართ, რომლებიც რთულ სიტუაციებში არიან და სიამოვნებას მივიღებთ მათი დახმარებით. ჩვენ უბრალოდ არ შეგვეცოდებიან ისინი და არ ვეტყვით, „იყავი ძლიერი!" უბრალოდ ტუჩებით. მათ ჩვენ დავეხმარებით კიდეც.

1 იოანე 3:17-18 ამბობს, „ვისაც სიმდიდრე არ აკლია ამ ქვეყნად, მაგრამ გაჭირვებული ძმის შემყურე გულს იხშობს მისთვის, როგორღა დაემკვიდრება მასში ღვთის სიყვარული? შვილებო, გვიყვარდეს, მაგრამ არა სიტყვით და ენით, არამედ საქმითა და ჭეშმარიტებით." ასევე, იაკობი 2:15-16-ში წერია, „თუკი ძმა ან და შიშველია და ლუკმა პური არ გააჩნია, ხოლო რომელიმე თქვენგანი ეტყვის: მშვიდობით იარე, გათბი და გაძეხი, მაგრამ იმას კა არ მისცემს, რაც ხორცს სჭირდება, რას გამოელის?"

შენ არ უნდა იფიქრო, „საცოდაობაა, რომ იგი შიმშილობს, მაგრამ მე არაფრის გაკეთება არ შემიძლია, რადგან ზუსტად საკმარისი მაქვს საკუთარი თავისთვის." თუ კი მართლა გეცოდება ადამიანი ჭეშმარიტი გულით, შენ შეძლებ შენი ლუკმის გაყოფას. თუ კი ადამიანი ფიქრობს, რომ საკუთარი სიტუაცია არ აძლევს საშუალებას სხვებს დაეხმაროს, მაშინ საეჭვოა, რომ იგი სხვებს დაეხმარება მაშინაც კი, როდესაც მდიდარია.

ეს არ ეხება მხოლოდ მატერიალურ საქმეს. როდესაც ხედავ ადამიანს, რომელიც რაიმე პრობლემისგან იტანჯება, შენ უნდა მოგინდეს მისი დახმარება და მისი ტკივილის გაზიარება. ეს არის მოწყალება. განსაკუთრებით, შენ უნდა იზრუნო იმ ადამიანებზე, რომლებიც ჯოჯოხეთის გზას ადგანან, რადგან უფლის არ სწამთ. შენ მთელი ძალისხმევით შეეცდები, რომ ხსნის გზაზე დააყენო ისინი.

მანმინის ცენტრალურ ეკლესიაში, მისი გახსნის შემდეგ, მრავალი ღმერთის ძალის საქმე გამომჟღავნდა. მაგრამ მე მაინც ვითხოვ კიდევ უფრო დიდ ძალას და ჩემს ცხოვრებას ამ ძალის გამომჟღავნებას ვუძღვნი. ეს იმიტომ, რომ მე თვითონ სიღარიბისგან ვიტანჯებოდი და ავადმყოფობის გამო სრულყოფილად განვიცადე იმედის დაკარგვის ტკივილი. როდესაც ვხედავ იმ ადამიანებს, რომლების ამ პრობლემებისგან იტანჯებიან, მე განვიცდი მათ ტკივილის როგორც საკუთარს და მსურს მათ რაც შემიძლია ყველაფრით დავეხმარო.

ჩემი სურვილია, რომ მათი პრობლემები მოვაგვარო და განვათავისუფლო ისინი ჯოჯოხეთის სასჯელისგან და წარვუძღვე ზეცის სასუფევლისაკენ. მაგრამ მარტომ როგორ უნდა დავეხმარო ამდენ ხალხს? პასუხი, რომელიც ამ კითხვაზე მივიღე, არის ღმერთის ძალა. მიუხედავად იმისა, რომ არ შემიძლია ყველა ადამიანის სიღარიბის, ავადმყოფობის და სხვა მრავალი პრობლემის მოგვარება, მე შემძლია დავეხმარო მათ, რომ ღმერთს შეხვდნენ და ეს განიცადონ. ზუსტად ამიტომ, მე ვცდილობ გამოვავლინო ღმერთის კიდევ უფრო დიდი ძალა, რათა მრავალი ადამიანი შეხვდეს და განიცადოს ღმერთი.

რა თქმა უნდა, ძალის გამოვლენა არ არის ხსნის პროცესის დასასრული. მიუხედავად იმისა, რომ რწმენა ეძლევათ ასეთი ძალის დანახვით, ჩვენ მათზე უნდა ვიზრუნოთ ფიზიკურად და სულიერად, სანამ რწმენით მტკიცედ არ იდგებიან. ზუსტად ამიტომ, მთელი ძალისხმევით ვეცადე დავხმარებოდი გაჭირვებულებს მაშინაც კი, როდესაც ჩვენი ეკლესია თვითონ ფინანსურად რთული მდგომარეობაში იყო. ეს იმიტომ, რომ ზეცის გზისაკენ დამდგარიყვნენ კიდევ უფრო დიდი სიძლიერით. იგავნი 19:17 ამბობს, „ღარიბ-ღატაკის განმკითხავი სესხს აძლევს უფალს და ის მიუზღავს სამაგიეროს." თუ კი სულებზე უფლის გულით იზრუნებ, ღმერთი ამ სიკეთეს უკან კურთხევებით გადაგიხდის.

ადვილად არ აღნიშნო სხვა ადამიანების ნაკლოვანებები

თუ კი ვინმე გვიყვარს, ზოგჯერ რჩევა უნდა მივცეთ მას ან საყვედური გამოვუცხადოთ. როდესაც მშობლები შვილებს საერთოდ არ დასჯიან და აპატიებენ ყველაფერს, რადგან უყვართ ისინი, მაშინ შვილები განებივრდებიან. მაგრამ თუ წყალობა გვაქვს, ჩვენ არ შეგვიძლია ადვილად დავსაჯოთ და ვუსაყვედუროთ ვინმეს. როდესაც უბრალოდ რჩევას ვაძლევთ, ჩვენ ამას ღვთისმოსავი გონებით და მზრუნველობით გავაკეთებთ. იგავნი 12:18-ში წერია, „გესლიანი ენა მახვილივით ჩხვლეტს, ბრძენკაცის ენა კი მკურნალია." კერძოდ, პასტორებმა და ლიდერებმა, რომლებიც მორწმუნეებს ასწავლიან, ეს სიტყვები უნდა დაიმახსოვრონ.

შენ შეიძლება ადვილად თქვა, „შენ გაქვს არაჭეშმარიტი გული და ეს ღმერთს არ სიამოვნებს. შენ გაქვს ესა და ეს ნაკლი და სხვებს არ უყვარხარ ამის გამო." მაშინაც კი, თუ რასაც შენ იძახი სიმართლეა, თუ კი სხვის ნაკლს საკუთარი თვით-სამართლიანობით ან ჩარჩოებით გამოამჟღავნებ სიყვარულის გარეშე, ეს არ იძლევა სიცოცხლეს. სხვები არ შეიცვლებიან ამით, პირიქით, მათი გული ეტკინებათ და გული აუცრუბდებათ და დაკარგავენ ძალას.

ზოგჯერ, ზოგი ეკლესიის წევრი მთხოვს, რომ მათი ნაკლი გამოვამჟღავნო, რათა გააცნობიერონ და გამოსწორდნენ. ამიტომ, თუ კი მე ძალიან ბრთხილად ვიტყვი რამეს, ისინი მაჩერებენ, რატა განმარტონ თავიანთი ნაკლი, ამიტომ მე არ შემიძლია მათთვის რჩევის მიცემა. რჩევის მიცემა არ არის ადვილი რამ. იმ მომენტში, მათ შეუძლიათ რჩევის მადლობით თქმით მიღება, მაგრამ თუ კი სულის სისავსეს დაკარგავენ, არავინ იცის რა მოხდება მათ გულებში.

ზოგჯერ, რაღაცეების გამომჟღავნება მიწევს, რათა ღმერთის სასუფეველს მივაღწიო ან ხალხს საშუალება მივცე

მიაღწიონ პრობლემების მოგვარებას. მე ვუყურებ მათ განწყობილებას სახეებზე ღვთისმოსავი გონებით და იმედი მაქვს, რომ თავს შეურაცხყოფილად არ იგრძნობენ.

რა თქმა უნდა, როდესაც იესომ ფარისევლებს და მწიგნობრებს საყვედური გამოუცხადა ძლიერი სიტყვებით, მათ ვერ შეძლეს მისი რჩევის მიღება. იესო მათ შანსს აძლევთ, რათა მათ შორის ერთს მაინც მოესმინა მისთვის და მოენანიებინა. ასევე, რადგან ისინი ხალხის მასწავლებლლები იყვნენ, იესოს სურდა, რომ ხალხს გაეცნობიერებინა და მოტყუებული არ ყოფილიყვნენ მათი ფარისევლობით. გარდა ასეთი შემთხვევებისა, შენ არ უნდა თქვა ისეთი რამ, რაც შეიძლება სხვამ შეურაცხყოფად მიიღოს. როდესაც რჩევა უნდა მისცე ვინმეს, რადგან ეს აბსოლუტურად საჭიროა, შენ ეს სიყვარულით უნდა გააკეთო და იმ ადამიანის სულზე მზრუნველობით.

ყველასთან იყავი სულგრძელი

ხალხის უმრავლესობას სიყვარულით სულგრძელად შეუძლიათ გასცენ რაც კი გააჩნიათ. ის ადამიანებიც კი, რომლებიც ძუნწები არიან, შეუძლიათ სხვებს საჩუქარი აჩუქონ, თუ კი იციან, რომ უკან სამაგიეროდ რამეს მიიღებენ. ლუკა 6:32 ამბობს, „თუ გეყვარებათ თქვენი მოყვასნი, რას მიითვლით მადლად? რადგან თავიანთი მოყვასნი ცოდვილთაც უყვართ.“ ჩვენ შეგვიძლია მოწყალების ნაყოფის მოსხმა, როდესაც საკუთარ თავს განვწირავთ რაიმე სარგებლის გარეშე.

იესომ თავიდანვე იცოდა, რომ იუდა უღალატებდა მას, მაგრამ იგი მას ისე ექცეოდა, როგორც ყველა სხვა მოწაფეს. მან მას მონანიების მრავალი შანსი მისცა. მაშინაც კი, როდესაც ჯვარს აცვამდნენ, იესომ ილოცა იმ ადამიანებისთვის, რომლებიც ამას აკეთებდნენ. ლუკა 23:34 ამბობს, „მამაო, მიუტევე ამათ, რადგანაც არ იციან, რას სჩადიან.“ ეს არის მოწყალება, რომლითაც ჩვენ შეგვიძლია

იმ ადამიანებს მივუტევოთ, რომელთა მიტევებაც შეუძლებელია.

საქმის წიგნში, ჩვენ ვხედავთ, რომ სტეფანსაც ჰქონდა ეს მოწყალების ნაყოფი. იგი არ ყოფილა მოციქული, მაგრამ ღმერთის წყალობითა და ძალით იყო სავსე. მისი დახმარებით მრავალი სასწაული და ნიშანი მოხდა. იმ ადამიანებმა, რომლებსაც ეს არ მოსწონდათ, სცადეს მასთან კამათი, მაგრამ როდესაც ღმერთის სიბრძნით უპასუხა სული წმინდაში, მათ ვეღარ შეძლეს მასთან კამათი. წერია, რომ ხალხმა დაინახა მისი სახე და რომ ანგელოზივით იყო (საქმე 6:15).

ებრაელებს ჰქონდა სინდისის ქენჯნა, როდესაც სტეფანის ქადაგებებს უსმენდნენ და საბოლოოდ იგი ქალაქიდან გაიყვანეს და სიკვდილამდე ჩაქოლეს. მაშინაც კი, როდესაც სიკვდილის პირას იყო, იგი ლოცულობდა იმ ადამიანებისთვის, რომლებიც ჰქოლავდნენ, „უფალო, ნუ მიუთვლი მათ ამას ცოდვად“ (საქმე 7:60). ეს გვაჩვენებს, რომ მას უკვე მიტევებული ჰქონდა მათთვის. სტეფანს შეეძლო დიდი სასწაულების მოხდენა, რადგან მას ასეთი გული ჰქონდა.

მაშინ რამდენად კარგად გაქვს ასეთი გული გაშენებული? ჯერ კიდევ არსებობს ისეთი ვინმე, რომელიც არ მოგწონს ან არ გაქვს მასთან კარგი ურთიერთობა? შენ უნდა შეძლო მათი მიღება, მიუხედავად იმისა, რომ მათი აზრები და თვისებები შენსას არ ეთანხმება. შენ ჯერ ამ ადამიანის თვალსაზრისით უნდა იფიქრო. შემდეგ, შენ შეძლებ ამ ადამიანისადმი ცუდი გრძნობების შეცვლას.

თუ კი უბრალოდ იფიქრებ, „რატომ აკეთებს იგი ამას? მე უბრალოდ არ მესმის მისი,“ შემდეგ, შენ მხოლოდ ცუდი და არაკომფორტული გრძნობები გექნება, როდესაც მას დაინახავ. მაგრამ თუ კი შეგიძლია იფიქრო, „მის ადგილას მეც მასე მოვიქცეოდი,“ მაშინ შეგიძლია სიძულვილის გრძნობის შეცვლა. ახლა, შენ შეიწყალებ იმ ადამიანს, რომელიც ამას აკეთებს და ილოცებ მისთვის.

როდესაც აზრს და გრძნობებს შეიცვლი ამ გზით, სიძულვილს და სხვა ბოროტ გრძნობებს სათითაო აღმოფხვრი. თუ კი შეინარჩუნებ შენს სიჯიუტეს, სხვების მიღებას ვერ შეძლებ. ასე ვერც სიძულვილის და სხვა ცუდი გრძნობების აღმოფხვრას შეძლებ. შენ უნდა განდევნო შენი თვით-სამართლიანობა და შეიცვალო აზრი და გრძნობები, რათა ნებისმიერი ადამიანის მიღება და მსახურება შეძლო.

პატივი მიაკუთვნე სხვებს

მოწყალების ნაყოფის მოსხმისათვის, ჩვენ ღირსება სხვებს უნდა მივცეთ, როდესაც საქმე კარგად კეთდება და უნდა მივიღოთ ბრალდება, როდესაც რაიმე ფუჭდება. როდესაც სხვა ადამიანი მიიღებს მთელს ღირსებას და ადიდებენ კიდევ უფრო მეტად, მიუხედავად იმისა, რომ ერთად მუშაობდით, შენ მაინც შეძლებ ისეთ სიხარულს მასთან ერთად, თითქოს შენი საკუთარი ბედნიერება იყოს. შენ არ გექნება არავითარი დისკომფორტი და არ იფიქრებ, რომ უფრო მეტი გააკეთე ვიდრე მან და რომ მას შენზე მეტი ნაკლი აქვს. შენ მხოლოდ მადლიერი იქნები, რომ მას უფრო მეტი თავდაჯერებულობა ექნება და სხვების მიერ აღიარების შემდეგ კიდევ უფრო მეტს იმუშავებს.

თუ კი დედა რაიმეს გააკეთებს თავის შვილთან ერთად და მხოლოდ შვილი მიიღებს ჯილდოს, რას იგრძნობს დედა? არ უნდა არსებობდეს ისეთი დედები, რომლებიც იჩივლებენ და იტყვიან, რომ შვილს დაეხმაარნენ და რომ არავითარი ჯილდო თვითონ არ მიიღეს. ასევე, დედის კარგია გაიგონოს სხვებისგან, რომ ლამაზია, მაგრამ იგი კიდევ უფრო ბედნიერი იქნება, თუ კი იტყვიან რომ მისი ქალიშვილი ლამაზია.

თუ კი მოწყალების ნაყოფი გვაქვს, ჩვენ შეგვიძლია ნებისმიერი ადამიანი დავაყენოთ ჩვენზე მაღლა.

მოწყალება არის მამა ღმერთის დამახასიათებელი თვისება, რომელიც სიყვარულითა და ნუგეშით არის სავსე. არა მხოლოდ მოწყალება, არამედ სული წმინდის თითოეული ნაყოფი ასევე არის სრულყოფილი ღმერთის გული. სიყვარული, სიხარული, სიმშვიდე, მოთმინება და ყველა სხვა ნაყოფი, არის ღმერთის გულის სხვადასხვა ასპექტი.

ამგვარად, სული წმინდის ნაყოფების მოსხმა ნიშნავს იმას, რომ ჩვენ უნდა ვეცადოთ გვქონდეს ღმერთის გული ჩვენში და ვიყოთ ისეთი სრულყოფილები, როგორიც ღმერთია. რაც უფრო დამწიფდება შენში სულიერი ნაყოფი, მით უფრო სასიამოვნო გახდები და ღმერთი ვერ შეძლებს მისი შენდამი სიყვარულის შეკავებას. იგი გაიხარებს შენზე და იტყვის, რომ მისი შვილი ხარ, რომელიც მას ასე ემსგავსება. თუ კი ღმერთის შვილი გახდები, რომელიც მას ასიამოვნებს, შენ შეძლებ მიიღო ნებისმიერი რამ, რასაც ლოცვაში ითხოვ და ის რაღაცეებიც კი, რაზეც გულის სიღრმეში ოცნებობ, ღმერთმა იცის ეს ყველაფერი და გიპასუხებს. მე იმედი მაქვს, რომ შენ სრულყოფილად მოისხამ სული წმინდის ნაყოფს და ყველაფერში ღმერთს ასიამოვნებ, რათა მიიღო მისი კურთხევები და ისიამოვნო დიდი ღირსებით ზეციურ სასუფეველში, როგორც შვილი, რომელიც სრულყოფილად ემსგავსება ღმერთს.

ფილიპელთა 2:5

„იგივე ზრახვები გქონდეთ, როგორიც ქრისტე იესოს."

თავი 7

სიკეთე

სიკეთის ნაყოფი
სიკეთის ძებნა სული წმინდის სურვილების მიხედვით
ყველაფერში სიკეთე აირჩიე, როგორც კარგი სამარიელი
არ იკინკლაო ან იჩხუბო არავითარ სიტუაციაში
არ გატეხო მოტეხილი ლერწამი ან არ დაშრიტო
მბჟუტავი პატრუქი
ძალა იმისათვის, რომ ჭეშმარიტებაში სიკეთეს მიჰყვე

სიკეთე

ერთ ღამეს, გაცვეთილ ტანსაცმლიანი ახალგაზრდა კაცი მივიდა ხანში შესულ წყვილთან ოთახის დასაქირავებლად. წყვილს შეეცოდა იგი და ოთახი დააქირავებინეს. მაგრამ ეს ახალგაზრდა კაცი არ მიდიოდა სამუშაოდ და მთელს დღეს სმაში ატარებდა. ასეთ შემთხვევაში, თითქმის ყველა მის გაგდებას დააპირებდა, რადგან ეგონებოდათ რომ იგი არ გადაიხდიდა ქირას. მაგრამ ხანში შესული წყვილი დროთა დრო მას საჭმელს აძლევდა და ამხნევებდნენ მას სახარების ქადაგებით. მას გული აუჩუყდა ამ ქმედებით, რადგან ისინი მას საკუთარი ვაჟივით ეპყრობოდნენ. საბოლოოდ მან მიიღო იესო ქრისტე და ხელახლა დაიბადა.

სიკეთის ნაყოფი

განდევნილების ან მიტოვებული ადამიანების ბოლომდე სიყვარული არის სიკეთე. სიკეთის ნაყოფს არა მხოლოდ გულში ისხამ, არამედ ქმედებებშიც მჟღავნდება.

თუ კი სიკეთის ნაყოფს მოვისხამთ, ჩვენ ყველგან გამოვცემთ ქრისტეს სურნელებას. ჩვენს გარშემო ხალხი დაინახავს ჩვენს კეთილ ქმედებებს და ღმერთს ადიდებენ.

„სიკეთე" არის სინაზის, ყურადღებიანობის, სიტკბოების და სათნოების თვისება. თუმცა, სულიერი გაგებით ეს არის გული, რომელიც მიილტვის სიკეთისაკენ სული წმინდაში, რაც ჭეშმარიტებაშია სიკეთე. თუ კი სრულყოფილად მოვისხამთ სიკეთის ნაყოფს, ჩვენ გვექნება უფლის გული, რომელიც წმინდა და უმწიკვლოა.

ზოგჯერ, ურწმუნოებიც კი, რომლებსაც სული წმინდა არ აქვთ მიღებული, კეთილი ცხოვრებით ცხოვრობენ. ამქვეყნიური ადამიანები განასხვავებენ და კიცხავენ რაიმეს ბოროტია თუ კეთილი საკუთარი სინდისის მიხედვით. სინდისის ქენჯნის ნაკლებობაში, ამქვეყნიური ადამიანები ფიქრობენ, რომ სამართლიანები და კეთილები არიან. მაგრამ ყოველი ადამიანის სინდისი განსხვავებულია.

იმისათვის, რომ სიკეთე გავაცნობიეროთ, როგორც სულის ნაყოფში, ჯერ ჩვენ ხალხის სინდისი უნდა გავიგოთ.

სიკეთის ძებნა სული წმინდის სურვილების მიხედვით

ზოგმა ახალმა მორწმუნემ შეიძლება ქადაგებისას ვინმე გაკიცხოს საკუთარი ცოდნითა და სინდისით და თქვას, „ეს აზრი არ ეთანხმება მეცნიერულ თეორიას." მაგრამ როდესაც რწმენაში გაიზრდებიან და ღმერთის სიტყვას ისწავლიან, ისინი აცნობიერებენ, რომ მათი განსჯის სტანდარტი არასწორია.

სინდისი არის სტანდარტი იმისა, რომ განასხვავო კეთილი და ბოროტი, რომელიც დაფუძნებულია ადამიანის ბუნების საფუძველზე. ადამიანის ბუნება დამოკიდებულია მის იმ სიცოცხლის ენერგიაზე, რომლითაც იგი დაბადებულია და იმ გარემოზე, რომელშიც იგი იზრდება. იმ შვილებს, რომლებმაც კარგი სიცოცხლის ენერგია მიიღეს, აქვთ შედარებით უფრო კარგი ბუნება. ასევე, ადამიანები, რომლებიც იზრდებიან კარგ გარემოში, იგებენ და ხედავენ კეთილ საქმიანობებს, უფრო სავარაუდოა, რომ შედარებით უფრო კეთილი სინდისი ექნებათ. მეორეს მხრივ, თუ კი ადამიანი ბოროტი ბუნებით დაიბადება თავისი მშობლების გამო და ბოროტ გარემოში გაიზრდება, მისი ბუნება და სინდისი უფრო და უფრო ბოროტული გახდება.

მაგალითად, ბავშვებს, რომლებსაც პატიოსნებას ასწავლიან, სინდისის ქენჯნა ექნებათ, როდესაც ტყუილს იტყვიან. მაგრამ ის ბავშვები, რომლებიც მატყუარებში გაიზარდნენ, იგრძნობენ, რომ სიცრუე თითქოს ბუნებრივი რამ არის. ისინი არც კი იფიქრებენ, რომ იტყუებიან. იმის ფიქრით, რომ სიცრუე დასაშვებია, მათი სინდისი იმდენად ისვრება ბოროტებით, რომ სინდისის ქენჯნაც კი არ აქვთ.

ასევე, მიუხედავად იმისა, რომ ბავშვებს ერთი და იგივე

მშობლები ზრდიან იგივე გარემოში, ისინი ბევრ რამეს სხვადასხვანაირად იღებენ. ზოგი შვილები უბრალოდ ემორჩილებიან თავიანთ მშობლებს, როდესაც სხვა შვილებს აქვთ ძალიან ძლიერი სურვილი და მიდრეკილება აქვთ დაუმორჩილებლობისკენ. შემდეგ, მიუხედავად იმისა, რომ და-ძმებს ერთი და იგივე მშობლები ზრდიან, მათი სინდისი სხვადასხვანაირად ყალიბდება.

სინდისის ნებისყოფა სხვანაირად ყალიბდება ადამიანის სოციალური და ეკონომიკური ფასეულობების მიხედვით. თითოეულ საზოგადოებას აქვს განსხვავებული ფასეულობის სისტემა და 100 წლის, 50 წლის წინდელი და დღევანდელი სტანდარტები სრულებით განსხვავდება ერთმანეთისგან. მაგალითად, როდესაც ხალხს მონები ჰყავდათ, ისინი არ ფიქრობდნენ, რომ მათი გამათრახება და მუშაობის დაძალება არასწორი რამ იყო. ასევე, დაახლოებით 30 წლის წინ, სოციალურად მიუღებელი იყო, რომ ქალს საკუთარი სხეული გამოევლინა საზოგადოებრივ ადგილას. როგორც ნახსენებია, სინდისი ხდება განსხვავებული ადამიანის, გარემოს და დროის მიხედვით. ისინი, რომლებიც ფიქრობენ, რომ საკუთარ სინდისს მიჰყვებია, უბრალოდ იმას მიჰყვებიან, რასაც ფიქრობენ რომ არის სიკეთე. თუმცა, ვერ ვიტყვით, რომ ისინი წმინდა სიკეთეში იქცევიან.

მაგრამ, ჩვენ, რომლებსაც ღმერთის გვწამს, გვაქვს იგივე სტანდარტი, რომლითაც შეგვიძლია სიკეთის და ბოროტების განსხვავება. ჩვენ ღმერთის სიტყვა გვაქვს სტანდარტად. ეს სტანდარტი არის ერთი და იგივე გუშინ, დღეს და სამუდამოდ. სულიერი სიკეთე არის ამ ჭეშმარიტების ქონა როგორც ჩვენი სინდისი და მასზე მიჰყოლა. ეს არის მზადყოფნა, რომ გაჰყვე სული წმინდის სურვილებს და ეძებო სიკეთე. მაგრამ მხოლოდ სიკეთის ძებნის სურვილით, ჩვენ არ შეგვიძლია ვთქვათ, რომ

სიკეთის ნაყოფი გვაქვს მოსხმული. ჩვენ ამის თქმას მხოლოდ მაშინ შევძლებთ, როდესაც სიკეთეზე გაყოლის სურვილი დემონსტრირებულია და განხორციელებული ქმედებაში.

მათე 12:35-ში წერია „კეთილ კაცს კეთილი საუნჯისგან გამოაქვს კეთილი, და ბოროტ კაცს ბოროტი საუნჯისგან გამოაქვს ბოროტი." იგავნი 22:11 ასევე ამბობს „ვისაც სუფთა გული და მადლიანი ენა აქვს, მეფეც მისი მეგობარია." როგორც ზემოთ ხსენებულ სტროფში წერია, იმ ადამიანებს, რომლებიც მართლაც ეძებენ სიკეთეს, ბუნებრივად ექნებათ ის ქმედებები, რომელთა დანახვაც გარეგნულად შესაძლებელია. სადაც არ უნდა წავიდნენ და ვისაც არ უნდა შეხვდნენ, ისინი ამჟღავნებენ ტავიანთ სულგრძელობას და სიყვარულს კეთილი სიტყვებითა და ქმედებებით. ზუსტად როგორც ადამიანი, რომელმაც სუნამო დაისხა, კარგ სუნს გამოსცემს, სიკეთის მქონე ადამიანებიც იესოს სუნს გამოსცემენ.

ზოგ ადამიანს სურს გააშენოს კეთილი გული, ამიტომ სულიერ ადამიანებს მიჰყვება და მათთან ურთიერთობა სურს. მათ სიამოვნებთ ჭეშმარიტების მოსმენა და სწავლა. მათ ადვილად უჩუყდებათ გული და ცრემლებსაც ღვრიან. მაგრამ მხოლოდ იმიტომ, რომ ეს სურთ, მათ არ შეუძლიათ კეთილი გულის გაშენება. თუ კი გაიგეს და ისწავლეს რაიმე, მათ უნდა გააშენონ ეს თავიანთ გულებში და ასევე განახორციელონ. მაგალითად, თუ კი მხოლოდ კეთილ ხალხთან გიყვარს ურთიერთობა და თავს არიდებ იმათ, რომლებიც არ არიან კეთილები, ეს სიკეთის ძებნაა?

ასევე არსებობს რაღაცეებიც, რისი სწავლაც შესაძლებელია იმ ადამიანებისგან, რომლებიც არ არიან კეთილებ. მიუხედავად იმისა, რომ მათგან არ შეგიძლია არაფრის სწავლა, შენ შეგიძლია მათი ცხოვრების გაკვეთილი მიიღო. როდესაც ადამიანია, რომელსაც ტემპერამენტი აქვს და ადვილად ბრაზდება, შენ შეგიძლია

ისწავლო, რომ ამის გამო მას ხშირად ხალხთან კამათი და კინკლაობა უწევს. ამ დაკვირვებით, შენ შეგიძლია ისწავლო, თუ რატომ არ უნდა გქონდეს ასეთი ტემპერამენტი. თუ კი მხოლოდ კეთილ ადამიანებთან იმეგობრებ, შენ ვერ ისწავლი იმ რაღაცეების ფარდობითობას, რასაც ხედავ და იგებ. ყოველთვის არის რაღაც, რასაც მრავალი ტიპის ადამიანებისგან ისწავლი. შენ შეიძლება იფიქრო, რომ სიკეთისკენ მიიღწვი და ისწავლო და გააცნობიერო მრავალი რამ, მაგრამ ყოველთვის საკუთარი თავი უნდა შეამოწმო გაკლია თუ არა სიკეთის რეალური ქმედებები.

ყველაფერში სიკეთე აირჩიე, როგორც კარგი სამარიელი

ამ მომენტიდან, მოდით უფრო დეტალურად შევხედოთ, თუ რა არის სულიერი სიკეთე, რაც ჭეშმარიტებაში და სული წმინდაში სიკეთისკენ მიდევნებაა. რეალურად, სულიერი სიკეთე არის ძალიან ვრცელი კონცეფცია. ღმერთის ბუნება არის სიკეთე და ეს სიკეთე ჩაბეჭდილია მთელს ბიბლიაში. მაგრამ სტროფი, რომლიდანაც ჩვენ კარგად ვხედავთ სიკეთის სურნელებას, არის ფილიპელთა 2:1-4-დან:

ამრიგად, თუ არის რაიმე ნუგეში ქრისტეში, თუ არის რაიმე სიამე სიყვარულისა, თუ არის რაიმე თანაზიარობა სულისა, თუ არის რაიმე თანალმობა ან წყალობა, აღავსეთ ჩემი სიხარული, რათა იყოთ თანამზრახველნი, ერთი და იმავე სიყვარულით გულშეძრულნი, ერთსულოვანნი და თანამოაზრენი. ნურას ჩაიდენთ ცილობით და ცუდმედიდობით, არამედ, ქედმოდრეკილნი, საკუთარ თავზე უმეტესად მიიჩნევდეთ ერთიმეორეს. მარტო თავის თავზე ნუკი ზრუნავს თვითეული თქვენგანი, არამედ სხვებზეც იზრუნოს.

ადამიანი, რომელმაც მოისხა სულიერი სიკეთის ნაყოფი, უფალში ეძებს სიკეთეს, ამიტომ იგი მხარს უჭერს იმ საქმესაც კი, რომელსაც თვითონ არ ეთანხმება. ასეთი ადამიანი არის თავმდაბალი და არ აქვს ამპარტავნული თვისება იმისა, რომ აღიარებულ იქნას. მიუხედავად იმისა, რომ სხვები არ არიან მასავით ჭკვიანები ან მდიდრები, იგი მათ გულით სცემს პატივს და შეუძლია მათი ჭეშმარიტი მეგობარი გახდეს.

შეიძლება მას სხვები მიზეზის გარეშე აწვალებენ, მაგრამ იგი ამას მათგან სიყვარულით იღებს. იგი ემსახურება მათ და თავს იმდაბლებს და ამგვარად ყველასთან მშვიდი ურთიერთობა ექნება. იგი თავის მოვალეობებს არა მარტო ერთგულად შეასრულებს, არამედ სხვის საქმეებზეც იზრუნებს. ლუკა 10-ში, არის კეთილი სამარიელის იგავი.

კაცი იერუსალიმიდან იერიხონში მიემგზავრებოდა და გაქურდეს. ქურდებმა გააშიშვლეს იგი და ნახევრად მკვდარი დატოვეს. მღვდელმა ჩამოიარა გზად და დაინახა მომაკვდავი კაცი, მაგრამ უბრალოდ გაუარა მას. ლევიანმაც დაინახა იგი, მაგრამ მანაც ასე უყურადღებოდ ჩაუარა. მღვდლები და ლევიანები არიან ისინი, რომლებმაც იციან ღმერთის სიტყვა და რომლებიც ღმერთს მსახურობენ. მათ რჯული ნებისმიერ ადამიანზე კარგად იციან. ისინი ასევე ამაყობენ იმით, თუ როგორ კარგად ემსახურებიან ღმერთს.

როდესაც ღმერთის ნებას უნდა გაჰყოლოდნენ, მათ არ გამოავლინეს ქმედებები, რომლებიც უნდა გამოევლინათ. რა თქმა უნდა, მათ შეეძლოთ მიზეზად ეთქვათ, რომ ვერ შეძლებდნენ მომაკვდავი კაცის დახმარებას. მაგრამ თუ კი სიკეთე ექნებოდათ, უყურადღებოდ ვერ დატოვებდნენ ისეთ ადამიანს, რომელსაც ასე სჭირდებოდა დახმარება.

მოგვიანებით, სამარიელმა ჩაიარა და დაინახა გაქურდული კაცი. მას იგი შეეცოდა და ჭრილობები დაუფარა. იგი თავის პირუტყვზე დააწვინა და ფუნდუკში

მიიყვანა და მცველს სთხოვა მისი მოვლა. მეორე დღეს, მცველს ორი დინარი გადაუხადა და დაპირდა, რომ უკანა გზაზე ყველაფერს გადაიხდიდა, რაც საჭირო იყო.

თუ კი სამარიელს ეგოისტური ფიქრები ექნებოდა, იგი ამას არ გააკეთებდა. ისიც დაკავებული იყო და დროს და ფულს დაკარგავდა, თუ კი უცხო ადამიანს დაეხმარებოდა. ასევე, მას შეეძლო მისთვის უბრალოდ პირველადი დახმარება გაეწია, მაგრამ მან ფუნდუკის მცველსაც კი სთხოვა მისთვის მოეარა და დაპირდა რომ ამისთვის ფულსაც გადაუხდიდა.

მაგრამ რადგან სიკეთე ჰქონდა, მას უბრალოდ არ შეეძლო ყურადღება არ მიექცია მომაკვდავი ადამიანისთვის. როდესაც მისი დახმარება თვითონ არ შეეძლო, ეს სხვა ადამიანს სთხოვა. თუ კი თვითონაც ჩაუვლიდა ამ ადამიანს თავისი პირადი მიზეზების გამო, მომავალში ამ სამარიელს ალბათ ეს გულზე დააწვებოდა.

მას გამუდმებით ეჭვი შეეპარებოდა თავის თავში და იფიქრებდა, „ნეტავი რა მოუვიდა იმ დაშავებულ კაცს. მე იგი უნდა გადამერჩინა. ღმერთი მიყურებდა და ასეთი რამ როგორ გავაკეთე?“ სულიერი სიკეთე არის მისი ვერ ატანა, თუ კი სიკეთის გზას არ ავირჩევთ იმ გრძნობითაც კი, რომ ვიღაცა ცდილობს ჩვენს მოტყუებას, ჩვენ ყველაფერში სიკეთე უნდა ავირჩიოთ.

არ იკინკლაოლ ან იჩხუბოლ არავითარ სიტუაციაში

კიდევ ერთი სტროფი, რომელიც გვეუბნება, რომ სულიერი სიკეთე უნდა შევიგრძნოთ, არის მათე 12:19-20. სტროფი 19 ამბობს, „არ იდავებს, არ იყვირებს და ვერც ვერავინ მოისმენს ქუჩებში მის ხმას.“ შემდეგ, სტროფი 20-ში წერია, „მოტეხილ ლერწამს არ გადატეხს და მბჟუტავ პატრუქს არ დაშრეტს, ვიდრე არ მოუპოვებს ძლევას სამართალს.“

ეს არის იესოს სულიერი სიკეთის შესახებ. მისი სამღვდელოების დროს, იესოს არავისთან ჰქონდა არანაირი პრობლემა ან კინკლაობა. ბავშვობიდანვე იგი ემორჩილებოდა ღმერთის სიტყვას და მისი სამღვდელოებისას, იგი მხოლოდ სიკეთეს აკეთებდა, ზეცის სასუფევლის სახარებას ქადაგებდა და დაავადებულ ხალხს კურნავდა. და მაინც, ბოროტებმა მოსაკლავად გამოცადეს იგი მრავალი სიტყვით.

იესომ ყოველთვის იცოდა მათი ბოროტი განზრახვები, მაგრამ მაინც არ სძულდა ისინი. მან უბრალოდ საშუალება მისცა მათ გაეცნობიერებინათ ღმერთის ნება. როდესაც მათ ეს ვერ შეძლეს, იესოს არ უკინკლავია და უბრალოდ თავი აარიდა მათ. მაშინაც კი, როდესაც ჯვარცმამდე დაკითხვას უწყობდნენ, მას არ უკამათია.

ზუსტად როგორც ჩვენს ქრისტიანულ რწმენაში გამოუცდელის სტადიას ვაბიჯებთ, ჩვენ ვსწავლობთ ღმერთის სიტყვას. ჩვენ ხალისით ხმას არ ავუწევდით ან გავბრაზდებოდით, მხოლოდ იმიტომ, რომ უბრალოდ უთანხმოება გვაქვს ვინმესთან. მაგრამ კინკლაობა არ არის მხოლოდ ხმის აწევა. თუ კი რაიმე უსიამოვნო გრძნობა გვაქვს უთანხმოების გამო, ეს ნიშნავს კინკლაობას. ეს იმიტომ არის ასე, რომ გულის სიმშვიდეა დარღვეული.

თუ კი გულში უთანხმოებაა, მიზეზი ადამიანშია. ეს იმიტომ არ არის, რომ ვინმე გვაბრაზებს. ასევე არ არის იმიტომ, რომ ისინი ისე არ იქცევიან, როგორც ჩვენ ვფიქრობთ რომ არის სწორი. ეს იმიტომ ხდება, რომ ჩვენი გულები ძალიან შეზღუდულია მათ მისაღებად, და იმიტომ, რომ გვაქვს აზრების ჩარჩოები, რომლებიც წინააღმდეგობის კურსზე გვაყენებს მრავალ რაღაცასთან დაკავშირებით.

რბილი ბამბის ნაგლეჯი ხმარ არ გამოსცემს, როდესაც სხვა ობიექტს ეჯახება. მაშინაც კი, როდესაც სუფთა წყლით სავსე წყალს შევანჯღრევთ, ეს წყალი მაინც სუფთა

დარჩება. ეს იგივეა ადამიანების გულთან დაკავშირებითაც. თუ კი ადამიანის გონების ნაწილი ირღვევა და მას უსიამოვნო გრძნობები ეუფლება გარკვეულ სიტუაციაში, ეს იმიტომ, რომ მის გულში ბოროტება ჯერ კიდევ არსებობს.

ნათქვამია, რომ იესოს არ უტირია, ამიტომ, რა მიზეზის გამო ღვრის ხალხი ცრემლებს? ეს იმიტომ, რომ მათ სურთ საკუთარი თავები გამოამჟღავნონ და თავი მოიწონონ. ისინი იმიტომ ღვრიან ცრემლებს, რომ სურთ სხვებმა ემსახურონ და აღიარონ.

იესომ გამოავლინა ამაღელვებელი სასწაულები, როგორიც იყო მკვდრის გაცოცხლება და ბრმა ადამიანისთვის თვალების ახელა. მაგრამ იგი მაინც თავმდაბალი იყო. გარდა ამისა, მაშინაც კი, როდესაც ხალხი დასცინოდა ჯვარზე ჩამოკიდებულს, იგი უბრალოდ ღმერთის ნებას ემორჩილებოდა სიკვდილის ბოლომდე, რადგან არ ჰქონდა საკუთარი თავის წარმოჩენის სურვილი (ფილიპელთა 2:5-8). ასევე ნათქვამია, რომ ქუჩებში არავის ესმოდა მისი ხმა. ეს იმას გვეუბნება, რომ მას საუკეთესო მანერები ჰქონდა. იგი სრულყოფილი იყო თავის მოთმენაში, დამოკიდებულებაში და საუბრის მანერაში. მისი უაღრესი სიკეთე, თავმდაბლობა და სულიერი სიყვარული, რომელიც მისი გულის სიღრმეში იყო, გარედან გამომჟღავნდა.

თუ კი სულიერი სიკეთის ნაყოფს მოვისხამთ, ჩვენ არავისთან არ გვექნება კონფლიქტები და პრობლემები, როგორც ჩვენს უფალს არ ჰქონდა. ჩვენ არ ვისაუბრებდით სხვა ადამიანების შეცდომებსა და ნაკლოვანებებზე. ჩვენ არ შევეცდებოდით საკუთარი თავების წარმოჩენას. მიუხედავად იმისა, რომ უმიზეზოდ ვიტანჯებით, ჩვენ მაინც არ ვჩივით ამის გამო.

არ გატეხო მოტეხილი ლერწამი ან არ დაშრიტო მბჟუტავი პატრუქი

როდესაც ხეს ან მცენარეს ვზრდით, თუ კი ფოთლები ან ტოტები გახმება, ჩვეულებრივ ჩვენ მათ ვჭრით. ასევე, როდესაც პატრუქი ბჟუტავს, სინათლე არ არის კაშკაშა, და ბოლს გამოსცემს. ამიტომ, ხალხი უბრალოდ აქრობს მას. მაგრამ ადამიანები, რომლებსაც სულიერი სიკეთე აქვთ, არ „გატეხავენ მოტეხილ ლერწამს ან არ დაშრიტავენ მბჟუტავ პატრუქს." თუ კი აღდგენის სულ მცირე შანსი მაინც არსებობს, ისინი ვერ შეძლებენ ამ სიცოცხლის გაწყვეტას და ცდილობენ სხვებს სიცოცხლის გზა გაუღონ.

აქ, „მოტეხილი ლერწამი" გულისხმობს იმ ადამიანებს, რომლებიც ამ სამყაროს ცოდვებითა და ბოროტებით არიან სავსენი. მბჟუტავი პატრუქი სიმბოლურად გამოხატავს ადამიანებს, რომელთა გულიც იმდენად არის ბოროტებით დაბინძურებული, რომ მათი სულის სინათლე სიკვდილის პირას არის. ნაკლებად სავარაუდოა, რომ ის ადამიანები, რომლებიც მოტეხილი ლერწამებივით და მბჟუტავი პატრუქებივით არიან, უფალს მიიღებენ. მიუხედავად იმისა, რომ მათ ღმერთის სწამთ, მათი ქმედებები არ განსხვავდება ამქვეყნიური ადამიანების ქმედებებისგან. ისინი სული წმინდის ან ღმერთის წინააღმდეგაც ლაპარაკობენ. იესოს დროს, მრავალი ადამიანი არსებობდა, რომლებსაც არ სწამდა იესოსი. და მიუხედავად იმისა, რომ მათ იესოს მრავალი სასწაული დაინახეს, მაინც სული წმინდის სამუშაოების წინააღმდეგები იყვნენ. მაინც, იესო მათ ბოლომდე ერწმენით უყურებდა და ხსნის მისაღებად მრავალი შესაძლებლობა მისცა.

დღეს, ეკლესიებშიც კი, არსებობენ ადამიანები, რომლებიც მოტეხილი ლერწამებივით და მბჟუტავი პატრუქებივიტ არიან. ისინი ტუჩებით იძახიან „უფალო, უფალო" და მაინც ცოდვებში ცხოვრობენ. ზოგი მათგანი ღმერთის წინააღმდეგაც კი მიდის. სუსტი რწმენის გამო მათ მრავალი ცდუნება ხვდებათ და ეკლესიაში სიარულს

წყვეტენ. ისეთი რაღაცეების გაკეთების შემდეგ, რაც ეკლესიაში ბოროტებად არის მიჩნეული, იმდენად დარცხვენილები არიან, რომ ეკლესიას ტოვებენ. თუ კი სიკეთე გვაქვს, ჩვენ პირველ რიგში მათ ხელი უნდა გავუწოდოთ.

ზოგ ადამიანს სურს, რომ ვინმეს უყვარდეს და აღიარებულ იყოს ეკლესიაში, მაგრამ როდესაც ეს არ ხდება, ბოროტება მიდის მათში. შემდეგ მათ შურთ იმ ადამიანების, რომლებიც ეკლესიის წევრებს უყვართ და რომლებიც ვითარდებიან სულში და შემდეგ მათზე ცუდს ლაპარაკობენ. ისინი საკუთარ გულებს არ კრიბავენ გარკვეული სამუშაოსთვის, თუ კი ეს მათი ინიციატივით არ ხდება და ცდილობენ ამ სამუშაოებით შეცდომები იპოვნონ.

ასეთ შემთხვევებშიც კი, ის ადამიანები, რომლებსაც სულიერი სიკეთის ნაყოფი აქვთ, მიიღებენ ისეთ ადამიანებს, რომლებიც თავიანთ ბოროტებას აფრქვევენ. ისინი არ ცდილობენ სწორი არასწორისგან ან კეთილი ბოროტისგან განასხვავონ და შემდეგ ახშობენ მათ. ისინი ადნობენ და ეხებიან მათ გულებს სიკეთით მოპყრობით.

ზოგი ადამიანი მთხოვს გავუმხილო იმ ადამიანების ვინაობა, რომლებიც ეკლესიაში ფარული მოტივებით დადიან. ისინი ამბობენ, რომ ამით ეკლესიის წევრები არ ჩეცდებიან და ასეთი ადამიანები ეკლესიაში საერთოდ აღარ მოვლენ. დიახ, მათი ვინაობის გამომჟღავნებამ შეიძლება ეკლესია უფრო განწმინდოს, მაგრამ როგორი შემარცხვენელი იქნება ეს მათი ოჯახის წევრებისთვის ან იმ ადამიანებისთვის, რომლებმაც ისინი ეკლესიაში მოიყვანეს? თუ კი ეკლესიის წევრებს სხვადასხვა მიზეზების გამო განვწმენდთ, ბევრი ადამიანი არ დარჩება ეკლესიაში. ეკლესიის ერთ-ერთი მოვალეობაა, რომ ბოროტი ადამიანებიც კი შეცვალოს და წარუძღვეს მათ ზეციური სასუფევლისაკენ.

რა თქმა უნდა, ზოგი ადამიანი აგრძელებს ბოროტების გამომჟღავნებას და სიკვდილის გზას დაადგებიან, მიუხედავად იმისა, რომ ჩვენ მათ სიკეთეს ვუჩვენებთ. მაგრამ ასეთ შემთხვევებშიც კი, ჩვენ უბრალოდ არ დავთქვამთ ჩვენი გამძლეობის საზღვარს და არ მივატოვებთ მათ, თ კი ამ საზღვარს გადააბიჯებენ. სულიერი სიკეთეა დანებების გარეშე ეცადო საშუალება მისცე მათ მოძებნონ სულიერი სიცოცხლე.

ხორბალი და ჩალა ერთმანეთს ჰგავს, მაგრამ ჩალა შიგნიდან ცარიელია. მოსავლის შემდეგ, ფერმერი ბეღელში შეაგროვებს ხორბალს და ჩალას კი დაწვავს. ან კიდევ განოყიერებისათვის გამოიყენებს. ეკლესიაშიც არსებობს ხორბალიც და ჩალაც. გარედან, ყველა შეიძლება მორწმუნეს ჰგავდეს, მაგრამ არსებობს ხორბალი, რომელიც ემორჩილება ღმერთის სიტყვას, როდესაც ასევე არის ჩალა, რომელიც ბოროტებას მიჰყვება.

მაგრამ ზუსტად როგორც ფერმერი ელოდება მოსავალს, სიყვარულის ღმერთიც ელოდება იმ ადამიანებს, რომლებიც ჩალასავით არიან, რომ შეიცვალნონ. სანამ ბოლო დღე დადგება, ჩვენ ყველას უნდა მივცეთ შანსი რომ იხსნან და ყველას რწმენის თვალით უნდა შევხედოთ ჩვენში სულიერი სიკეთის გაშენებით.

ძალა იმისათვის, რომ ჭეშმარიტებაში სიკეთეს მიჰყვე

შენ შეიძლება დაიბნე იმის შესახებ, თუ როგორ უნდა განასხვავო სულიერი სიკეთე სხვა სულიერი მახასიათებლებისგან. სახელდობრ, კეთილი სამარიელის იგავიდან, მისი ქმედებები შეიძლება აღწერილ იქნას როგორც თანაგრძნობა გონებაში და გულმოწყალეობა; და თუ კი არ ვიკამათებთ და არ ავუწევთ ხმას, მაშინ ჩვენ თავმდაბლობაში სიმშვიდეში ვიქნებით. მაშინ, შედის ეს

ყველაფერი სულიერი სიკეთის მახასიათებელში?

რა თქმა უნდა, სიყვარული, თანამგრძნობი გული, წყალობა, მშვიდობა და თავმდაბლობა ეკუთვნის სიკეთეს. როგორც ადრე აღვნიშნე, სიკეთე არის ღმერთის ბუნება და ძალიან ვრცელი კონცეფციაა. მაგრამ სულიერი სიკეთის დამახასიათებელი ასპექტები არის სურვილი, რომ მიჰყვე ასეთ სიკეთეს და სიძლიერე, რომ რეალობაში განახორციელო იგი. ყურადღების მიპყრობა არ ხდება შებრალებაზე ან ადამიანების დახმარების ქმედებებზე. ყურადღება ეპყრობა სიკეთეს, რომლითაც სამარიელს არ შეეძლო უბრალოდ ჩაეარა, როდესაც წყალობა უნდა ჰქონოდა.

ასევე, როდესაც არ კინკლაობ და ყვირი, ასევე თავმდაბლობის ნაწილია. მაგრამ ასეთ შემთხვევებში სულიერი სიკეთის მახასიათებელი არის ის, რომ ჩვენ არ შეგვიძლია სიმშვიდე დავარღვიოთ, რადგან სულიერ სიკეთეს მივყვებით. იმის მაგივრად, რომ სხვებმა გვაღიარონ, ჩვენ გვინდა ვიყოთ თავმდაბალნი, რადგან ამ სიკეთეს მივყვებით.

როდესაც ერთგულად იქცევი, თუ კი სიკეთის ნაყოფი გაქვს, შენ ერთგული არა მარტო ერთ რამეში იქნები, არამედ ღმერთის ყველა საქმეში. თუ კი ერთ-ერთ შენს მოვალეობას უგულვებელყოფ, შეიძლება იყოს ვინმე, ვინც ამის გამო დაიტანჯება. ღმერთის სამეფო კი შეიძლება ისე არ შესრულდეს, როგორც უნდა შესრულებულიყო. ამიტომ, თუ კი სიკეთე გაქვს, შენ თავს ასეთ რაღაცეებზე მოხერხებულად ვერ იგრძნობ. შენ არ შეგიძლია უბრალოდ უგულვებელყო ისინი, ამიტომ ეცდეები ღმერთის ყველა საქმეში ერთგული იყო. შენ ეს პრინციპი შეგიძლია გამოიყენო სულის ყველა მახასიათებელზე.

ბოროტი ადამიანები თავს უხერხულად იგრძნობენ, თუ კი ბოროტებით არ მოიქცევიან. იმდენად, რამდენადაც მათ ბოროტება აქვთ, ისინი თავს ნორმალურად მაშინ

იგრძნობენ თავს, როდესაც ამ ბოროტებას გამოაჩენენ. ადამიანებს, რომლებიც სხვების საუბარში ეჩრებიან, არ შეუძლიათ საკუთარუ თავების გაკონტროლება, თუ კი ხელს არ შეუშლიან სხვა ადამიანების დიალოგს. მიუხედავად იმისა, რომ სხვებს ტკივილს აყენებენ ან უხერხულ მდგომარეობაში აყენებენ, საკუთარ თავთან შეუძლიათ სიმშვიდეში იყვნენ, მხოლოდ მას შემდეგ რაც იმას გააკეთებენ, რაც თვითონ სურთ. მიუხედავად ამისა, თუ კი დაიმახსოვრებენ და ეცდებიან იმ ცუდი ჩვევების განდევნას, რომლებიც არ ეთანხმება ღმერთის სიტყვას, ისინი შეძლებენ მათი უმრავლესობის განდევნას. მაგრამ თუ კი არ შეეცდებიან და დანებდებიან, ისინი ათი ან ოცი წლის შემდეგაც იგივე სიტუაციაში იქნებიან.

მაგრამ სიკეთის ადამიანები სრულიად პირიქით იქცევიან. თუ კი სიკეთეს არ გაჰყვებიან, მათ უფრო მეტი არაკომფორტული გრძნობები ექნებათ, ვიდრე დანაკარგის დროს და ყოველთვის იფიქრებენ ამაზე. ამიტომ, მიუხედავად იმისა, რომ დანაკარგი აქვთ, მათ არ სურთ სხვებს ტკივილი მიაყენონ. და ეს მათთვის მოუხერხებელია, მაინც ცდილობენ წესების შენახვას.

ჩვენ ეს გული შეგვიძლია შევიგრძნოთ პავლეს ნათქვამიდან. მას ჰქონდა ხორცის ჭამის რწმენა, მაგრამ თუ კი ეს სხვა ადამიანის წაბორძიკებას გამოიწვევდა, მას აღარ ენდომებოდა ხორცის ჭამა. ანალოგიურად, თუ კი რაღაცამ, რითაც თვითონ სიამოვნებას იღებენ, სხვისთვის შეიძლება დისკომფორტი გამოიწვიოს, სიკეთის ადამიანებს ურჩევნიათ ამით არ ისიამოვნონ და კიდევ უფრო მეტად ახარებთ ის ფაქტი, რომ შეუძლიათ სხვებს საკუთარი სიამოვნება შესწირონ. მათ არ შეუძლია ისეთი რაღაცის გაკეთება, რაც სხვებს შეარცხვენს; და, ისინი ვერასოდეს გააკეთებენ რაღაცას, რაც მათში მყოფ სული წმინდას

კვნესას გამოიწვევს.

მსგავსად, თუ კი ყველაფერში სიკეთეს მიჰყვები, ეს იმას ნიშნავს, რომ სულიერი სიკეთის ნაყოფს ისხამ. თუ კი სულიერი სიკეთის ნაყოფს მოისხამ, შენ გექნება უფლის დამოკიდებულება. შენ არ გააკეთებ ისეთ რაღაცას, რაც ადამიანს შეაფერხებს. შენ გარედანაც გექნება სიკეთე და თავმდაბლობა. შენ იქნები პატივცემული, რადგან უფლის ფორმა გექნება და შენი ქცევა და საუბარი საუკეთესო იქნება. შენ ლამაზი იქნები ნებისმიერი ადამიანის თვალში და გადმოაფრქვევ იესოს სურნელებას.

მათე 5:15-16 ამბობს, „...როდესაც ანთებენ სანთელს, საწყაოს ქვეშ კი არ დგამენ, არამედ სასანთლეზე, და უნათებს ყველა შინ მყოფს. დაე, ასევე ნათობდეს თქვენი ნათელი კაცთა წინაშე, რათა ისინი ხედავდნენ თქვენს კეთილ საქმეებს და ადიდებდნენ მამას თქვენსას ზეციერს." ასევე, 2 კორინთელთა 2:15-ში წერია, „რადგანაც ქრისტეს სურნელი ვართ ღვთის წინაშე, როგორც ხსნის, ისე დაღუპვის გზაზე დამდგართათვის." ამგვარად, მე იმედი მაქვს, რომ შენი ადიდებ ღმერთს ყველაფერში სულიერი სიკეთის ნაყოფის სწრაფად მოსხმით და სამყაროსათვის იესოს სურნელების გადმოფრქვევით.

რიცხვნი 12:7-8

„მთელი ჩემი ერის ერთგულია იგი.

პირისპირ ველაპარაკები მას, ცხადლივ,

და არა იგავურად.

უფლის ხატებას ჭვრეტს იგი."

თავი 8

რწმენა

რათა ჩვენი ერთგულება აღიარებულ იქნას
შენს მოცემულ მოვალეობაზე მეტი გააკეთე
იყავი ერთგული ჭეშმარიტებაში
სამუშაო უფროსის ნების თანახმად.
იყავი ერთგული უფლის ყოველ სახლში
ერთგულება ღმერთის სამეფოსათვის და
სამართლიანობა

რწმენა

კაცი სამოგზაუროდ უცხო ქვეყანაში მიდიოდა. ამ დროს მის აქტივებს ყურადღების მიქცევა სჭირდებოდა, ამიტომ ეს სამუშაო თავის სამ მსახურს მისცა. მათი შესაძლებლობების მიხედვით, მან თითოეულ მათგანს შესაბამისად მისცა ერთი ტალანტი, ორი ტალანტი და ხუთი ტალანტი. მსახური, რომელმაც ხუთი ტალანტი მიიღო, ჩაატარა ვაჭრობა თავისი უფროსისთვის და კიდევ დამატებითი ხუთი ტალანტიმიიღო. ორ ტალანტიანმა მსახურმაც მოიპოვა კიდევ ორი ტალანტი. მაგრამ ერთ ტალანტიანმა უბრალოდ ტალანტი მიწაში დამარხა და ვერაფერი მოგება ვერ ნახა.

უფროსმა ადიდა ის მსახურეები, რომლებმაც დამატებითი ტალანტები მოიპოვეს, მისცა მათ ჯილდოები და უთხრა, „კეთილი, სანდო და კეთილო მონავ" (მათე 25:21). მაგრამ მან საყვედური გამოუცხადა იმ მსახურს, რომელმაც ტალანტი მიწაშე ჩამარხა, „უკეთურო და მცონარა მონავ" (სტროფი 26).

ღმერთიც ასევე გვაძლევს მრავალ მოვალეობას ჩვენი ტალანტების მიხედვით, რათა მისთვის ვიმუშაოთ. მხოლოდ მას შემდეგ, რაც შევასრულებთ მოვალეობებს მთელი ჩვენი ძალღონით და ღმერთის სამეფოს სარგებელს მოვუტანთ, აღიარებულნი ვიქნებით როგორც „კეთილი და სანდო მონა."

რათა ჩვენი ერთგულება აღიარებულ იქნას

სიტყვა „ერთგულების" ლექსიკონის განმარტება არის „მტკიცედ დგომის ხარისხი მღელვარებაში ან თავდადებაში, ან მტკიცე თავდადებულობა დაპირებებში ან მოვალეობის შესრულებაში." ამ სამყაროშიც კი, ერთგულ ადამიანებს კარგად აფასებენ მათი ნდობის გამო.

მაგრამ ერთგულება, რომელსაც ღმერთი აღიარებს, განსხვავდება ამქვეყნიური ადამიანების ერთგულებისგან. მხოლოდ ჩვენი მოვალეობის შესრულება ქმედებაში, ვერ იქნება სულიერი ერთგულება. ასევე, თუ კი მთელ ჩვენს

ძალისხმევას ერთ კონკრეტულ რაღაცაში ჩავდებთ, ეს არ არის სრულყოფილი ერთგულება. თუ კი ჩვენს მოვალეობებს შევასრულებთ როგორც ცოლი, დედა, ან ქმარი, შეგვიძლია ამას ერთგულება დავუძახოთ? ეს არის მხოლოდ იმის გაკეთება, რაც გვევალებოდა.

ადამიანები, რომლებიც სულიერად ერთგულნი არიან, ღმერთის სამეფოში საუნჯეები არიან და არომატულ სურნელებას გამოსცემენ. ისინი გამოსცემენ უცვლელი გულის და მტკიცე მორჩილების სურნელებას. თუ კი ასეთი სურნელების გამოცემას შევძლებთ, უფალიც იტყვის, რომ სასიამოვნოები ვართ და მოგვეხვევა. იგივე იყო მოსეზეც.

ისრაელის შვილები ეგვიპტეში 400 წელზე მეტი მონებად იყვნენ, და მოსეს მოვალეობა იყო, რომ მათ კანაანის მიწაზე წაძღოლოდა. ღმერთს იგი იმდენად უყვარდა, რომ პირისპირ ესაუბრებოდა ხოლმე მას. იგი ღმერთის ყველა საქმეში ერთგული იყო და შეასრულა ღმერთის მიერ მოცემული ყოველი ბრძანება.

ერთ დღეს, მოსეს სიმამრმი, ითრო, მივიდა მასთან. მოსე ესაუბრა მას ღმერთის ყველა სასწაულებრივ საქმეზე, რაც ისრაელის ხალხისთვის ჰქონდა გაკეთებული. მეორე დღეს, ითრომ უცნაური რამ დაინახა. მოსეს სანახავად დილიდან ხალხი რიგში იდგა. მოსეს მიუტანეს ის კამათის მიზეზები, რომლებსაც თვითონ ერთმანეთში ვერ აგვარებდნენ. ითრომ მოსეს რჩევა მისცა.

გამოსვლა 18:21-22 ამბობს, „გამონახე ერში მაგარი ხალხი, ღვთისმოშიშნი, ანგარების მოძულენი, წრფელი ხალხი და ათასისთავებად, ასისთავებად, ორმოცდაათისთავებად და ათისთავებად დაუდგნენ ერს. მათ განსაჯონ ერი ყოველ დროს; დიდი საქმეები შენ მოგახსენონ, ხოლო წვრილმანი თავად გადაწყვიტონ, შემოგეშველონ, რომ შეგიმსუბუქდეს ტვირთი."

მოსემ მოუსმინა მის სიტყვებს. მან გააცნობიერა, რომ მისი სიმამრის ნათქვამი ლოგიკური იყო და მიიღო მისი

რჩევა. მოსემ არიჩია ადამიანები, რომლებსაც სძულდათ უპატიოსნო მოგება და დააყენა ისინი ათასები, ასების, ორმოცდაათების და ათების ლიდერებად. ისინი იყვნენ როგორც ხალხის მოსამართლეები დამყარებული წესების და უფრო მარტივი საქმეების გასაკონტროლებლად და მოსე აფასებდა მხოლოდ მთავარ საქმეებს.

ადამიანს ერთგულების ნაყოფის მოსხმა მაშინ შეუძლია, როდესაც საკუთარ მოვალეობებს კეთილი გულით შეასრულებს. მოსე თავისი ოჯახის წევრების ერთგული იყო და ასევე ერთგულად ემსახურებოდა ხალხს. მან დახარჯა მთელი თავისი დრო და ძალისხმევა და ამ მიზეზის გამო იგი აღიარებულ იქნა ისეთ ადამიანად, რომელიც ღმერთის ყველა საქმეში ერთგული იყო. რიცხვნი 12:7-8 ამბობს, „ასეთი არ არის ჩემი მორჩილი მოსე. მთელი ჩემი ერის ერთგულია იგი. პირისპირ ველაპარაკები მას, ცხადლივ, და არა იგავურად. უფლის ხატებას ჭვრეტს იგი."

ახლა, როგორი ადამიანია ის, რომელსაც ღმერთის მიერ აღიარებული ერთგულების ნაყოფი აქვს მოსხმული?

შენს მოცემულ მოვალეობაზე მეტი გააკეთე

როდესაც მუშებს მათი სამუშაოსთვის უხდიან, ჩვენ არ ვამბობთ, რომ ერთგულები არიან, როდესაც მხოლოდ თავიანთ მოვალეობას ასრულებენ. ჩვენ შეგვიძლია ვთქვათ, რომ თავიანთი სამუშაო შეასრულეს, მაგრამ მხოლოდ ის გააკეთეს, რისთვისაც გადასახადს იღებდნენ, ამიტომ ჩვენ ვერ ვიტყვით, რომ ერთგულები არიან. მაგრამ ფასიან მუშებშიც კი არსებობენ ისეთები, რომლებიც უფრო მეტს აკეთებენ ვიდრე ევალებათ. ისინი ამას უხალისოდ არ აკეთებენ. ისინი მოვალეობას მთელი გულით და სულით აკეთებენ და ეს სურვილი მათ გულიდან მოსდით.

ზოგი მთელ-დღიანი სამუშაოს ეკლესიის მუშაკები უფრო

მეტს აკეთებენ, ვიდრე ევალებათ. ისინი მუშაობენ მუშაობის დასრულების შემდეგ ან შვებულებაზე, და როდესაც არ მუშაობენ, მაინც ყოველთვის ღმერთისადმი თავიანთ მოვალეობაზე ფიქრობენ. ისინი ყოველთვის ფიქრობენ იმაზე, თუ როგორ უფრო კარგად ემსახურონ ეკლესიას და მის წევრებს.

ასევე, პასუხისმგებლობის თავზე არებით, ის ადამიანები, რომლებიც ერთგულების ნაყოფს ისხამენ, უფრო მეტ სამუშაოს შეასრულებენ, ვიდრე ევალებათ. მაგალითად, მოსეს შემთხვევაში, მან საკუთარი სიცოცხლე შესწირა, როდესაც ისრაელის შვილების გადასარჩენად ლოცულობდა, რომლებმაც ცოდვები ჩაიდინეს. ჩვენ ამას მისი ლოცვიდან ვხედავთ გამოსვლა 32:31-32-ში, რომელიც ამბობს, „დიდი ცოდვა ჩაიდინა ამ ხალხმა: ოქროს ღმერთები გაიკეთა. ახლა მიუტევე მათ ეს ცოდვა, თუ არა და, ამომშალე შენი დაწერილი წიგნიდან."

როდესაც მოსე თავის მოვალეობას ასრულებდა, იგი უბრალოდ ქმედებით არ დამორჩილებია ღმერთის ბრძანებას. მას არ უფიქრია, „მე მთელი ძალისხმევით შევეცადე ღმერთის ნება აღმესრულებინა, მაგრამ მათ ეს არ მიიღეს. მე აღარ შემიძლია მათი დახმარება." მას ჰქონდა ღმერთის გული და ხალხს მთელი თავისი სიყვარულითა და ძალისხმევით უძღვებოდა. ზუსტად ამიტომ, როდესაც ხალხმა ცოდვები ჩაიდინა, მან თავი ისე იგრძნო, რომ თითქოს ეს მისი ბრალი იყო და სურდა, რომ ეს პასუხისმგებლობა თავის თავზე აეღო.

ეს იგივეა პავლე მოციქულის შესახებაც. რომაელთა 9:3 ამბობს, „ასე რომ, ვისურვებდი თვითონვე ვყოფილიყავი შეჩვენებული და ქრისტესაგან მოკვეთილი ჩემი ძმების, ჩემი სისხლისა და ხორცის გამო," მაგრამ მიუხედავად იმისა, რომ ჩვენ გვესმის და ვიცით პავლეს და მოსეს ერთგულება, ეს იმას არ ნიშნავს, რომ ჩვენ ერთგულება გავაშენეთ.

იმ ადამიანებსაც კი, რომლებსაც აქვთ რწმენა და

რომლებიც საკუთარ მოვალეობებს ასრულებენ, ექნებოდათ რაიმე განსხვავებული სათქმელი, ვიდრე მოსეს ნათქვამი, თითქოს ერთი და იგივე სიტუაციაში ყოფილიყვნენ. სახელდობრ, მათ შეიძლება თქვან „ღმერთი, მე მთელი ძალისხმევით შევეცადე. მე მეცოდება ეს ხალხი, მაგრამ მეც ბევრი ვიტანჯე მათი წინამძღოლობისას.“ ესენი სინამდვილეში ამბობენ „მე თავდაჯერებული ვარ, რადგან ყველაფერი გავაკეთე რაც კი მევალებოდა.“ ან, შეიძლება ინერვიულონ, რომ საყვედურს მიიღებენ სხვებთან ერთად ამ ადამიანების ცოდვების გამო, მიუხედავად იმისა, რომ თვითონ ამის პასუხისმგებელნი არ იყვნენ. ასეთი ადამიანების გული ძალიან შორს არის ერთგულებისგან.

რა თქმა უნდა, ნებისმიერ ადამიანს არ შეუძლია შემდეგი ლოცვა, „გთხოვ მიუტევე მათ ცოდვები ან მე ამომშალე სიცოცხლის წიგნიდან.“ ეს იმას ნიშნავს, რომ თუ კი ჩვენს გულებში ერთგულების ნაყოფს მოვისხამთ, ჩვენ არ შეგვიძლია უბრალოდ ვთქვათ, რომ პასუხისმგებლები არ ვართ. სანამ იმას ვიფიქრებდეთ, რომ ჩვენი მოვალეობის შესრულებას მთელი ძალისხმევით შევეცადეთ, ჩვენ პირველ რიგში იმაზე უნდა ვიფიქროთ, თუ როგორი გული გვქონდა, როდესაც პირველად მოვალეობები მოგვეცა.

ასევე, ჩვენ ჯერ ღმერთის სიყვარულსა და წყალობაზე ვიფიქრებთ იმ სულებისათვის და რომ ღმერთს არ სურს მათი განადგურება, მიუხედავად იმისა, რომ იგი პირდება მათ დასჯას ცოდვების გამო. ჩვენ როგორ ლოცვას შევწირავდით ღმერთს? ჩვენ ალბათ გულის სიღრმიდან ვიტყოდით, „ღმერთო, ეს ჩემი ბრალია. ჩემი ბრალია, რადგან კარგად არ წავძღოლილვარ მათ. მიეცი მათ კიდევ ერთი შანსი ჩემი მაგივრობის გათვალისწინებით.“

ეს იგივეა სხვა ყველა ასპექტშიც. ერთგული ადამიანები უბრალოდ არ იტყვიან, „მე საკმარისი გავაკეთე,“ და საკმარისზე მეტს გააკეთებენ მთელი გულით. 2 კორინთელთა 12:15-ში პავლემ თქვა, „ამიტომაც ხალისით

დავიხარჯები და დავიწრიტები თქვენი სულისთვის; მაგრამ რაკი ასე ძლიერ მიყვარხართ, განა ნაკლებ უნდა გიყვარდეთ?"

სახელდობრ, პავლე იძულებული არ იყო, რომ სულებზე ეზრუნა და ეს არც ზედაპირულად გაუკეთებია. მან დიდი სიხარული და სიამოვნება მიიღო თავისი მოვალეობის შესრულებაში და ზუსტად ამიტომ თქვა, რომ დაიხარჯებოდა სხვა სულებისათვის.

მან ისევ და ისევ შესწირა საკუთარი თავი სრულყოფილი ერთგულებით სხვა სულებისათვის. როგორც პავლეს შემთხვევაში, ჭეშმარიტი ერთგულებაა, როდესაც შეგვიძლია ჩვენი მოვალეობის საკმარისზე მეტად და სიხარულითა და სიყვარულით შესრულება.

იყავი ერთგული ჭეშმარიტებაში

წარმოიდგინე ვიღაც შეუერთდა ბანდას და საკუთარი სიცოცხლე ბანდის უფროსს მიუძღვნა. იტყვის ღმერთი, რომ იგი ერთგულია? რა თქმა უნდა არა! ღმერთს შეუძლია ჩვენი ერთგულება მხოლოდ მაშინ აღიაროს, როდესაც სიკეთეში და ჭეშმარიტებაში ვართ ერთგულნი.

როგორც ქრისტიანები ჭეშმარიტებაში შრომისმოყვარე სიცოცხლეს უძღვებიან, სავარაუდოა, რომ მათ მრავალი მოვალეობა მიეცემათ. ზოგ შემთხვევაში, ისინი ცდილობენ თავიანთი მოვალეობები თავიდან სიფიცხით შეასრულონ, მაგრამ ნებდებიან რაღაც მომენტში. მათი გონება შეიძლება დაპყრობილ იქნას იმ ბიზნესის მიერ, რომლის გაფართოებასაც გეგმავენ. მათ შეიძლება თავიანთი სიფიცხე მოვალეობისადმი დაკარგონ ცხოვრების სირთულეების გამო ან რადგან სურთ, რომ თავი აარიდონ სხვების მიერ დევნას. რატომ იცვლება მათი აზრები ასე? ეს იმიტომ ხდება, რომ მათ სულიერი ერთგულება მიატოვეს ღმერთის სამეფოსადმი მუშაობისას.

სულიერი ერთგულება არის გულის წინ დაცვეთა. ეს არის

ჩვენი გულების მანტიის განუწყვეტლივ რეცხვა. ეს არის ყველანაირი ცოდვის, არაჭეშმარიტების, ბოროტების, უსამართლობის, უკანონობის და სიბნელის განდევნა. აპოკალიფსი 2:10-ში წერია, „სიკვდილამდე ერთგული იყავი და მოგცემ შენ სიცოცხლის გვირგვინს." აქ, სიკვდილამდე ერთგულად ყოფნა არ ნიშნავს უბრალოდ იმას, რომ ძალისხმევით და ერთგულებით უნდა ვიმუშაოთ ჩვენს ფიზიკურ სიკვდილამდე. ეს ასევე იმას ნიშნავს, რომ უნდა ვეცადოთ მივაღწიოთ ღმერთის სიტყვას ჩვენს ცხოვრებაში.

სულიერი ერთგულების მისაღწევად, ჩვენ ჯერ ცოდვებს უნდა შევებრძოლოდ სისხლის ღვრამდე და ღმერთის მცნებები დავიცვათ. პრიორიტეტი არის ბოროტების, ცოდვის და არაჭეშმარიტების განდევნა, რომელიც ღმერთს ძალიან სძულს. თუ კი უბრალოდ ფიზიკურად ძლიერად ვმუშაობთ გულის წინ დაცვეთის გარეშე, ჩვენ არ ვამბობთ, რომ ეს არის სულიერი ერთგულება. როგორც პავლემ თქვა, „მე ყოველდღე ვკვდები," ჩვენ ჩვენი ხორცი სრულყოფილად უნდა მოვკლათ და გავხდეთ ნაკურთხნი. ეს არის სულიერი ერთგულება.

ღმერთს ჩვენგან ყველაზე მეტად სიწმინდე სურს. ჩვენ უნდა გავაცნობიეროთ ეს და ვეცადოთ ჩვენი გულები წინ დავცვეთოთ. რა თქმა უნდა, ეს იმას არ ნიშნავს, რომ ჩვენ ვერ მივირებთ მოვალეობებს, სანამ სრულყოფილად არ განვიწმინდებით. ეს იმას ნიშნავს, რომ რა მოვალეობასაც ახლა ვასრულებთ, ეს უნდა შევასრულოთ სიწმინდის მიღწევასთან ერთად.

იმ ადამიანებს, რომლებიც განუწყვეტლივ წინ ცვეთენ თავიანთ გულებს, არ ექნებათ დამოკიდებულების შეცვლა ერთგულებაში. ისინი არ დანებდებიან თავიანთ ძვირფას მოვალეობას მხოლოდ იმიტომ, რომ ყოველდღიურ ცხოვრებაში სირთულეები აქვთ. ღმერთის მიერ მოცემული მოვალეობები არის ღმერთსა და ჩვენს შორის გაკეთებული დაპირებები და ჩვენ არასოდეს არ უნდა დავარღვიოთ დაპირებები ნებისმიერ გაჭირვებაში.

მეორეს მხრივ, რა მოხდება, თუ კი ჩვენი გულის დაცვეთას ვუგულვებელყოფთ? ჩვენ ვერ შევძლებთ ჩვენი გულების შენარჩუნებას, როდესაც სირთულეებსა და გაჭირვებებში აღმოვჩნდებით. ჩვენ შეიძლება მივატოვოთ ჩვენი ნდობის ურთიერთობა ღმერთთან და დავნებდეთ ჩვენს მოვალეობას. შემდეგ, თუ კი ღმერთის წყალობას აღვიდგენთ, ისევ ცოტახნით დიდი ძალისხმევით ვიმუშავებთ და ეს ციკლი გრძელდება და გრძელდება. ის მსახურები, რომლებსაც ასეთი მერყეობა აქვთ, ვერ იქნებიან ერთგულებად არიარებულნი, მიუხედავად იმისა, რომ შეიძლება თავიანთ სამსახურს კარგად ასრულებენ.

ღმერთის მიერ აღიარებული ერთგულების ქონისთვის, ჩვენ ასევე უნდა გვქონდეს სულიერი ერთგულება, რაც იმას ნიშნავს, რომ ჩვენი გულები წინ უნდა დავცევეთოთ. მაგრამ ჩვენი გულების მასში წინ დაცვეთა არ ხდება ჩვენი ჯილდოები. გულის წინ დაცვეთა ვალდებულებაა ღმერთის იმ შვილებისათვის, რომლებიც გადარჩენილები არიან. მაგრამ თუ კი ცოდვებს განვდევნით და ჩვენს მოვალეობებს განწმენდილი გულით შევასრულებთ, ჩვენ შევძლებთ კიდევ უფრო დიდი ნაყოფის მოსხმას. ამგვარად, ჩვენ კიდევ უფრო დიდ ჯილდოებს მივიღებთ.

მაგალითად, ვთქვათ კვირაობით მთელი დღის განმავლობაში ეკლესიაში მოხალისედ მუშაობისას ოფლიანდები. მაგრამ კინკლაობა გქონდა მრავალ ადამიანთან და მათთან სიმშვიდე დაარღვიე. თუ კი ეკლესიას ჩივილითა და გულისწყრომით ემსახურები, მრავალი ჯილდოები ჩამოგერთმევა. მაგრამ თუ ეკლესიას სიკეთითა და სიყვარულით ემსახურები, ღმერთი ყველა შენს სამუშაოს მიიღებს და თითოეული შენი ქმედება გახდება შენი ჯილდო.

სამუშაო უფროსის ნების თანახმად

ეკლესიაში, ჩვენ უნდა ვიმუშაოთ ღმერთის ნებისა და

გულის თანახმად. ასევე, ჩვენ ერთგულად უნდა დავემორჩილოთ ჩვენს ლიდერებს ეკლესიაში. იგავნი 25:13 ამბობს, „თოვლის სიგრილე მკის დროს იგივეა, რაც ერთგული მაცნე მისი გამგზავნელისთვის – იგი თავის ბატონს სულს უბრუნებს."

მიუხედავად იმისა, რომ ბეჯითად ვასრულებთ ჩვენს მოვალეობას, ჩვენ არ შეგვიძლია უფროსის სურვილის ასრულება, თუ კი იმას გავაკეთებთ რაც ჩვენ გვსურს. მაგალითად, ვთქვათ შენი უფრო გეუბნება, რომ ოფისში დარჩე, რადგან ძალიან მნიშვნელოვანი მომხმარებელი მოდის. მაგრამ შენ გარეთ გაქვს რაღაც ოფისთან დაკავშირებული საქმე, მაგრამ ამას დიდი ხანი ჭირდება. მაშინაც კი, თუ ოფისის სამუშაოსთვის ხარ გარეთ გასული, უფროსის თვალში შენ არ ხარ ერთგული.

მიზეზი იმისა, თუ რატომ არ ვემორჩილებით უფროსის ნებას, ან არის ის, რომ საკუტარ აზრებს მივყვებით, ან რადგან ეგოისტური მოტივები გვაქვს. ასეთი ადამიანი შეიძლება ისე ჩანდეს, რომ თითქოს ემსახურება თავის უფროსს, მაგრამ ამას იგი ერთგულებით არ აკეთებს. იგი მხოლოდ საკუთარ აზრებსა და სურვილებს მიჰყვება და გამოამჟღავნა, რომ უფროსის ნებას ნებისმიერ დროს უგულვებელყოფს.

ბიბლიაში ჩვენ ვკითხულობთ იაობის შესახებ, რომელიც დავითის ნათესავი და დავითის ჯარის გენერალი იყო. აობი ყოველ გაჭირვებასა და საფრთხეში დავითთან ერთად იყო, როდესაც მეფე საული დევნიდა მას. მას ჰქონდა სიბრძნე და მამაცი იყო. იგი დავითს ყველაფერში ემსახურებოდა. როდესაც ამონებს თავს დაესხა და მათი ქალაქი აიღო, მას ფაქტობრივად დაპყრობილი ჰქონდა, მაგრამ იგი დავითს დაელოდა და მას დაპყრობინა. მას არ მიუღია ქალაქის დაპყრობის დიდება და დავითს მისცა.

იგი დავითს ასე ემსახურებოდა, მაგრამ დავითი უხერხულად გრძნობდა თავს მასთან. ეს იმიტომ, რომ იგი

დავითს არ დაემორჩილა, როდესაც ეს მისთვის პირადად სასარგებლო იყო. იაობი ამპარტავნულად მოიქცა დავითის წინაშე, როდესაც თავისი მიზნის მიღწევა სურდა.

მაგალითად, გენერალი აბენირი, რომელიც დავითის მტერი იყო, მივიდა დავითთან და ფარხმალი დაყარა. დავითი მიესალმა მას და შემდეგ უკან გაგზავნა. ეს იმიტომ, რომ დავითს მისი მიღებით, შეეძლო ხალხის სტაბილიზაციის მოხდენა უფრო სწრაფად. მაგრამ როდესაც იაობმა ეს ფაქტი მოგვიანებით გაიგო, იგი გაჰყვა აბენირს და მოკლა იგი. ეს იმიტომ, რომ აბენირმა მოკლა იაობის ძმა წინა ბრძოლაში. მან იცოდა, რომ დავითი რთულ სიტუაციაში აღმოჩნდებოდა, თუ კი აბენირს მოკლავდა, მაგრამ მან უბრალოდ თავის ემოციებს დაუჯერა.

ასევე, როდესაც დავითის ვაჟი, აბესალომი დავითს აუჯანყდა, დავითმა ჯარისკაცებს, რომლებიც აბესალომის ჯარის წინააღმდეგ საბრძოლველად მიდიოდნენ, სთხოვა, რომ მის ვაჟს კეთილად მოქცეოდნენ. იაობმა ეს გაიგო, მაგრამ მაინც მოკლა აბესალომი. შეიძლება ეს იმიტომ მოხდა, რომ თუ კი აბესალომს ცოცხალს დატოვებდნენ, ის კიდევ აუჯანყდებოდა, მაგრამ საბოლოოდ, იაობი არ დაემორჩილა მეფის ბრძანებას.

მიუხედავად იმისა, რომ მეფესთან რთული მომენტები ჰქონდა, იგი მეფეს კრიტიკულ სიტუაციებში არ ემორჩილებოდა და დავითი მას ვერ ენდობოდა. საბოლოოდ, იაობი აუჯანყდა მეფე სოლომონს, დავითის ვაჟს და სიკვდილით დასაჯეს. ამ დროსაც, იმის მაგივრად, რომ დავითს დამორჩილებოდა, მას სურდა ადამიანის მოთავსება, რომელიც იგი ფიქრობდა, რომ მეფე უნდა ყოფილიყო. იგი დავითს მთელი ცხოვრების განმავლობაში ემსახურებოდა, მაგრამ იმის მაგივრად, რომ საქმეები მსახური გამხდარიყო, მან ცხოვრება მეამბოხედ დაასრულა.

როდესაც ღმერთის საქმეს ვასრულებთ, იმის მაგივრად, რომ რაც შეიძლება უფრო მეტი ამბიციებით ვიმუშაოთ, კიდევ უფრო მნიშვნელოვანი ფაქტორი არის მივყვებით თუ

არა ღმერთის ნებას. არაფერს ნიშნავს ერთგულება, თუ კი ღმერთის ნების წინააღმდეგ მიდიხარ. როდესაც ეკლესიაში ვმუშაობთ, პირველ რიგში ეკლესიის ლიდერებსაც უნდა დავემორჩილოთ, სანამ საკუთარ აზრს გავყვებოდეთ. ამ გზით, ეშმაკს არ შეუძლია ბრალდებების წაყენება და საბოლოოდ ყოველი ჩვენთაგანი შევძლებთ ღმერთის დიდებას.

იყავი ერთგული უფლის ყოველ სახლში

„უფლის ყოველ სახლში ერთგულება" ნიშნავს ჩვენთან დაკავშირებულ ყველა ასპექტში ერთგულებას. ეკლესიაში, ჩვენ უნდა შევასრულოთ ჩვენი პასუხისმგებლობები, მაშინაც კი, როდესაც მრავალი მოვალეობა გვაქვს. მიუხედავად იმისა, რომ ეკლესიაში არ გვაქვს კონკრეტული მოვალეობა, ჩვენი ერთ-ერთი მოვალეობაა, რომ იქ ვიყოთ, სადაც ჩვენი ყოფნაა საჭირო, როგორც წევრი.

არა მარტო ეკლესიაში, ა რამედ სამსახურშიც და სკოლაში, ყველას აქვს თავისი მოვალეობა. ამ ყველა ასპექტში, ჩვენ, როგორც წევრებმა, უნდა შევასრულოთ ჩვენი მოვალეობები. ღმერთის ყველა სახლში ერთგულება არის ყველა ასპექტში ჩვენი მოვალეობების შესრულება: როგორც ღმერთის შვილები, როგორც ეკლესიის ლიდერები ან წევრები, როგორც ოჯახის წევრები, როგორც მუშაკები კომპანიაში, ან როგორც სტუდენტები ან მასწავლებლები სკოლაში. ჩვენ არ უნდა ვიყოთ ერთგულები მხოლოდ ერთ ან ორ მოვალეობაში და დავივიწყოთ სხვა მოვალეობები. ჩვენ ერთგულები ყველა ასპექტში უნდა ვიყოთ.

ზოგმა ადამიანმა შეიძლება იფიქროს, „მე მხოლოდ ერთი სხეული მაქვს და როგორ უნდა ვიყო ყველგან ერთგული?" მაგრამ იმის გათვალისწინებით, რომ სულში ვიცვლებით, არ არის რთული რამ, რომ ღმერთის ყველა საქმეში ერთგული იყო. მიუხედავად იმისა, რომ სულ მცირე დროს ვუთმობთ, ჩვენ უსათუოდ შეგვიძლია მოვისხათ

ნაყოფი, თუ კი სულში დავთესავთ.

ასევე, ადამიანები, რომლებიც სულში შეიცვალნენ, არ ზრუნავენ საკუთარ სარგებელსა და კომფორტზე, ისინი მხოლოდ სხვის სარგებელზე ზრუნავენ. ამგვარად, ასეთი ადამიანები იზრუნებენ თავიანთ მოვალეობებზე მაშინაც კი, თუ საკუთარი თავის განწირვა მოუწევთ. ასევე, იმდენად, რამდენადაც მივაღევთ სულის დონეს, ჩვენი გული სიკეთით აივსება. და თუ კი კეთილები ვართ, ჩვენ არ გადავიხრებით ერთი კონკრეტული მხრისაკენ. ამგვარად, მაშინაც კი, როდესაც უამრავი მოვალეობა გვაქვს, ჩვენ არ უგულვებელყოფთ ჩვენს არც ერთ მოვალეობას.

ჩვენ მთელი ძალისხმევით ვიზრუნებთ ჩვენს გარშემომყოფებზე კიდევ უფრო მეტად. შემდეგ, ისინი შეიგრძნობენ ჩვენი გულის ჭეშმარიტებას. ამგვარად, მათ იმედი არ გაუცრუვდებად, როდესაც არ შეგვიძლია ყოველთვის მათთან ერთად ყოფნა, მაგრამ პირიქით, ისინი მადლიერები იქნებიან, რომ მათზე ვზრუნავთ.

მაგალითად, ერთ ადამიანს აქვს ორი მოვალეობა და იგი არის ერთ-ერთი ჯგუფის ლიდერი და სხვა ჯგუფის წევრი. აქ, თუ კი მას სიკეთე აქვს და ერთგულების ნაყოფი, იგი არ უგულვებელყოფს არც ერთ მათგანს. იგი უბრალოდ არ იტყვის, „მეორე ჯგუფის წევრები გამიგებენ, რომ მათთან ერთად არ ვარ, რადგან ამ პირველი ჯგუფის ლიდერი ვარ." თუ კი ფიზიკურად არ შეუძლია მეორე ჯგუფთან ერთად ყოფნა, იგი ეცდება, რომ ამ ჯგუფს რაიმე სხვა გზით დაეხმაროს. ანალოგიურად, ჩვენ შეგვიძლია ღმერთის ყველა სახლში ვიყოთ ერთგულები და გვქონდეს მშვიდობა ყველასთან.

ერთგულება ღმერთის სამეფოსათვის და სამართლიანობა

იოსები პოტიფარის სახლს მონად მიყიდეს. და იოსები

იმდენად ერთგული და ნდობის ღირსი ადამიანი იყო, რომ პოტიფარმა მთელი სახლის სამუშაო ამ ახალგაზრდა მონას დაუტოვა და არ ნერვიულობდა იმაზე, თუ რას გააკეთებდა იგი. ეს იმიტომ, რომ იოსები სულ მცირე რაღაცეებზეც კი მთელი თავისი ძალისხმევით ზრუნავდა.

ღმერთის სასუფეველსაც სჭირდება იოსების ნაირი მრავალი ერთგული მსახური. თუ კი კონკრეტული მოვალეობა გაქვს და იმდენად ერთგულად ასრულებ ამას, რომ ლიდერი ყურადღებასაც არ აქცევს ამ საქმეს, როგორი დიდი ძალა იქნები ღმერთის სამეფოსათვის!

ლუკა 16:10 ამბობს, „მცირედში სანდო დიდშიც სანდოა. და მცირედში უნდო დიდშიც უნდოა." მიუხედავად იმისა, რომ იგი ფიზიკურ პირს ემსახურებოდა, იოსები ერთგულად მუშაობდა თავისი ღმერთში რწმენით. ღმერთმა ეს ფუჭად არ ჩათვალა და იოსები ეგვიპტის პრემიერ მინისტრად გახადა.

მე ღმერთის საქმე არასოდეს მარტივად არ ჩამითვლია. ყოველთვის მთელი ღამის ლოცვებს ვწირავდი ეკლესიის გახსნამდეც კი, მაგრამ ეკლესიის გახსნის შემდეგ, შუაღამიდან დილის ოთხ საათამდე ვლოცულობდი და ხუთ საათზე კი განთიადის ლოცვას ვატარებდი. იმ დროს, ჩვენ არ გვქონდა დანიელის ლოცვის შეხვედრა, რომელიც დღეს გვაქვს და იწყება საღამოს ცხრა საათზე. ჩვენ არ გვყავდა სხვა პასტორები ან ლიდერები, ამიტომ მარტო ვატარებდი განთიადის ლოცვებს. მაგრამ ერთი დღეც კი არ გამომიტოვებია.

გარდა ამისა, კვირის, ოთხშაბათის და პარასკევის მთელი ღამის ქადაგებებისთვის უნდა მოვმზადებულიყავი, როდესაც თეოლოგიურ სემინარიაში დავდიოდი. მე არასოდეს არ მიმიტოვებია ჩემი მოვალეობები და არ გადამიცია სხვებისთვის მხოლოდ იმიტომ, რომ დაღლილი ვიყავი. სემინარიიდან მოსვლის შემდეგ, ავადმყოფ ადამიანებს ვუვლიდი ან ეკლესიის წევრებს ვსტუმრობდი

ხოლმე. მრავალი ავადმყოფი ადამიანი იყო, რომლებიც ქვეყნის სხვადასხვა მხრიდან მოდიოდნენ. მთელი გულს ვწირავდი, როდესაც ეკლესიის წევრებს ვსტუმრობდი, რათა სულიერად მემსახურა მათთვის.

იმ დროს, ზოგ სტუდენტს ორი და სამი ავტობუსი უნდა გამოეცვალა, რომ ეკლესიაში მოსულიყო. ახლა, ჩვენ ეკლესიაში ავტობუსები გვყავს, მაგრამ იმ დროს არ გვყავდა. ამგვარად, მე მსურდა სტუდენტებს ეკლესიაში მოსვლა შეეძლოთ ავტობუსის საფასურზე ნერვიულობის გარეშე. მე ქადაგებების შემდეგ სტუდენტებს ავტობუსის გაჩერებასთან მივყვებოდი და სამგზავრო ბილეთებს ვაძლევდი ხოლმე. იმდენ ბილეთს ვაძლევდი, რომ მეორე დღეს ეკლესიაში მოსასვლელიც ჰქონოდათ. ეკლესიის შესაწირის რაოდენობა დაახლოებით ათობით დოლარს შეადგენდა და ამიტომ ამ პრობლემას ეკლესია ვერ მოაგვარებდა. მე მათ მგზავრობის ფულს საკუთარი დანაზოგებიდან ვაძლევდი.

როდესაც ადამიანი რეგისტრირდებოდა, მე ყოველ მათგანს ძვირფას საგანძურად მივიჩნევდი, ამიტომ მათთვის ვლოცულობდი და ვემსახურებოდა სიყვარულით, რათა არც ერთი მათგანი არ დამეკარგა. ამ მიზეზის გამო იმ დროს, არც ერთ ადამიანს არ მიუტოვებია ეკლესიიდან რომელიც დარეგისტრირდა. ბუნებრივად, ეკლესია განაგრძობდა ზრდას. ახლა, როდესაც ეკლესიას მრავალი წევრი ჰყავს, ეს იმას ნიშნავს, რომ ჩემი ერთგულება გაცივდა? რა თქმა უნდა არა! ჩემი სიფიცხე სულების მიმართ არასოდეს გაციებულა.

ახლა, ჩვენ გვაქვს 10000-ზე მეტი ეკლესია მთელი მსოფლიოს გარშემო, და ასევე პასტორები, უხუცესები, უფროსი დიაკონი ქალები და უბნის და ჯგუფების ლიდერები. და მაინც, ჩემი ლოცვები და სიყვარული სულებისადმი მხოლოდ იზრდება.

ოდესმე შენი ერთგულება ღმერთისადმი გაციებულა? არსებობს ისეთი ვინმე, რომელსაც ღმერთის მიცემული მოვალეობები ჰქონდა, მაგრამ ახლა აღარ აქვს მოვალეობები? თუ კი იგივე მოვალეობა გაქვს, რაც ადრე გქონდა, არ გაციებულა მოვალეობისადმი შენი სიფიცხე? თუ კი ჭეშმარიტი რწმენა გვაქვს, ჩვენი ერთგულება მხოლოდ გაიზრდება, როდესაც რწმენაში გავიზრდებით, და ჩვენ ვართ უფალში ერთგულები, რათა მივაღწიოთ ღმერთის სასუფეველს და ვიხსნათ მრავალი სული. ამგვარად, ჩვენ ზეცაში დიდებულ ჯილდოებს მივიღებთ!

თუ კი ღმერთს ერთგულება მხოლოდ ქმედებებში ესურვებოდა, მას არ დასჭირდებოდა ადამიანთა მოდგმის შექმნა, რადგან მრავალი ანგელოზი არსებობს, რომელიც მას კარგად ემორჩილება. მაგრამ ღმერთს არ სურდა ისეთი ვიღაც, ვინ უპირობოდ ემორჩილება, გარკვეულწილად როგორც რობოტები. მას სურდა შვილები, რომლებიც მათი ღმერთისადმი სიყვარულით ერთგულები იქნებოდნენ.

ფსალმუნნი 101:6 ამბობს, „თვალს მივადევნებ მართლებს ქვეყნისას, რომ დასხდნენ ჩემთან; ვინც უბიწოების გზით იარება, ის მემსახურება მე." ის ადამიანები, რომლებიც განდევნიან ყველა ფორმის ბოროტებას და ერთგულები იქნებაინ ღმერთის ყველა სახლში, მიიღებენ ახალ იერუსალიმში შესვლის კურთხევას, რომელიც ზეცაში ყველაზე ლამაზი ადგილია. ამგვარად, მე იმედი მაქვს, რომ შენ გახდები მსახური, რომელლიც ღმერთის სასუფევლის ბოძივით არის და ისიამოვნებ საპატიო ადგილით ღმერთის ტახტთან ახლოს.

მათე 11:29

„დაიდგით ქედზე ჩემი უღელი და ისწავლეთ ჩემგან,

ვინაიდან მშვიდი ვარ და გულით მდაბალი,

და მოიპოვებთ სულის სიმშვიდეს."

თავი 9

თვინიერება

თვინიერება მრავალი ადამიანის მისაღებად
სულიერი თვინიერება სულგრძელობასთან ერთად
იმ ადამიანთა მახასიათებლები, რომლებმაც თვინიერების
ნაყოფი მოისხეს
თვინიერების ნაყოფის მოსხმა
კარგი ნიადაგის გაშენება
კურთხევები თვინიერებისთვის

თვინიერება

გასაოცრად, მრავალი ადამიანი ნერვიულობს სიფიცხეზე, დეპრესიაზე ან თავიანთ მახასიათებლებზე, რომლებიც მეტად არიან საკუთარ თავზე ჩაფიქრებულნი ან პირიქით. ზოგი ადამიანი უბრალოდ ყველაფერს თავიანთ ხასიათებს აწერენ, როდესაც საქმე გაუფუჭდებათ და ამბობენ, „არ შემიძლია, ეს უბრალოდ ჩემი ხასიათის თავისებურებაა." მაგრამ ღმერთმა შექმნა ადამიანები და ღმერთისთვის არ არის რთული შეცვალოს ადამიანების ხასიათები თავისი ძალით.

მოსემ ერთხელ კაცი მოკლა თავისი სიფიცხის გამო, მაგრამ იგი იმდენად შეიცვალა ღმერთის ძალით, რომ მან იგი აღიარა, როგორც ყველაზე თავმდაბალი ადამიანი მთელი დედამიწის ზურგზე. პავლე მოციქულს ჰქონდა მეტსახელი, „ქუხილის ძე", მაგრამ იგი შეიცვალა ღმერთის ძალით და აღიარდა როგორც „თვინიერი მოციქული."

თუ კი მათ სურთ ბოროტების განდევნა, იმ ადამიანებსაც კი, რომლებიც ფიცხები არიან, რომლებიც ამაყობენ და რომლებიც ეგოისტები არიან, შეუძლიათ შეიცვალონ და გააშენონ თვინიერების მახასიათებლები.

თვინიერება მრავალი ადამიანის მისაღებად

ლექსიკონში თვინიერება არის სიმშვიდის, სინაზის, ან სირბილის ფორმა ან თვისება. ადამიანები, რომლებიც მოკრძალებული ან „სიმორცხვით არა-სოციალური" ხასიათები აქვთ, ან რომლებსაც არ შეუძლიათ საკუთარი თავის კარგად გამოხატვა, შეიძლება ადამიანს თვინიერად მოეჩვენოს. ადამიანები, რომლებიც არიან გულჩვილები ან რომლებიც საერთოდ არ ბრაზდებიან დაბალი ინტელექტუალური დონის გამო, შეიძლება ამქვეყნიური ადამიანების თვალში ნაზები ჩანდნენ.

მაგრამ სულიერი თვინიერება არ არის უბრალოდ სინაზე. ეს არის სიბრძნის ქონა და უნარი, რომ მართალი უსამართლობისგან განასხვავო და ამავე დროს, რომ შეძლო ნებისმიერი ადამიანის გაგება და მათი მიღება, რადგან

მათში არ არის ბოროტება. სახელდობრ, სულიერი თვინიერება არის სულგრძელობა მშვიდ და ნაზ თვისებებთან ერთად. თუ კი ასეთი სათნო სულგრძელება გაქვს, შენ უბრალოდ მშვიდი არ იქნები ყოველთვის, არამედ ასევე გექნება კეთილშობილება, როდესაც ეს საჭირო იქნება.

ნაზი ადამიანის გული არის ბამბასავით რბილი. თუ კი ბამბას ქვას ესვრი ან ნემს შეარჭობ, იგი უბრალოდ შემოეხვევა ობიექტს. ანალოგიურად, არ აქვს მნიშვნელობა, თუ როგორ ექცევიან მათ სხვა ადამიანები, იმათ, რომლებიც სულიერად ნაზები არიან, მათ მიმართ გულში არ ექნებათ ცუდი გრძნობები. სახელდობრ, ისინი არ ბრაზდებიან ან არ განიცდიან დისკომფორტს და არც სხვებს არ უქმნიან დისკომფორტს.

ისინი არ კიცხავენ სხვებს და უგებენ და იღებენ მათ. ხალხი ნუგეშს მიიღებს ასეთი ადამიანებისგან და მათთან სიმშვიდეს იპოვნიან. ესენი არიან დიდი ხესავით, რომელსაც ბევრი ტოტი აქვს და ჩიტები მიდიან და ჯდებიან, ბუდეს იკეთებენ და ისვენებენ.

მოსე იყო ერთ-ერთი ადამიანი, რომელიც ღმერთმა აღიარა თავისი თვინიერების გამო. რიცხვნი 12:3 ამბობს, „მოსე უთვინიერესი კაცი იყო დედამიწის ზურგზე." გამოსვლის დროს ისრაელის ხალხის რაოდენობა 600000-ზე მეტი ზრდასრული ადამიანი იყო. ქალების და ბავშვების ჩათვლით, ორ მილიონზე ბევრად მეტი იქნებოდა. ასეთი დიდი რაოდენობის ადამიანების წინ წაძღოლა ძალიან რთული დავალება იქნებოდა ჩვეულებრივი ადამიანისთვის.

ეს ასე განსაკუთრებულად იმ ადამიანებისთვის არის, რომლებსაც გაქვავებული გულები ჰქონდათ, როგორც ეგვიპტის ყოფილ მონებს. თუ კი რეგულარულად გცემენ, ბინძური სიტყვები გესმის და მონების შრომატევად სამუშაოს ასრულებ, შენი გული გამაგრდება და გაქვავდება. ასეთ მდგომარეობაში, არ არის ადვილი მათ გულებში რაიმე მწყალობლობის გრავირება ან რომ შეძლონ ღმერთი გულით უყვარდეთ. ზუსტად ამიტომ ხალხი არ დაემორჩილა ღმერთს, მიუხედავად იმისა, რომ მოსემ მათ

დიდი სასწაულები აჩვენა.

როდესაც მათ სიტუაციაში სულ პატარა სირთულეს ხვდებოდნენ, ჩივილს იწყებდნენ მოსესთან და მის წინააღმდეგ მიდიოდნენ. მხოლოდ იმ ფაქტის დანახვით, რომ მოსე ასეთ ხალხს 40 წლის განმავლობაში უდაბნოში უძღვებოდა, ჩვენ შეგვიძლია გავიგოთ, თუ როგორი სულიერად მშვიდი იყო მოსე. მოსეს ეს გული არის სულიერი თვინიერება, რომელიც სული წმინდის ერთ-ერთი ნაყოფია.

სულიერი თვინიერება სულგრძელობასთან ერთად

მაგრამ არსებობს ვინმე, ვინც ფიქრობს ასეთ რამეს, „მე არ ვბრაზდები, და ვფიქრობ რომ სხვებზე უფრო მშვიდი ვარ, მაგრამ ლოცვებზე პასუხებს ვერ ვიღებ. მე არც სული წმინდის ხმა არ მესმის კარგად“? შემდეგ, შენ უნდა შეამოწმო არის თუ არა შენი თვინიერება ხორციელი თვინიერება. ხალხმა შეიძლება თქვას, რომ მშვიდი ხარ თუ კი ნაზად და მშვიდად იქცევი, მაგრამ ეს მხოლოდ ხორციელი თვინიერებაა.

ღმერთს კი სულიერი თვინიერება სურს. სულიერი თვინიერება არ არის მხოლოდ სინაზე და სიმშვიდე, არამედ ამ ყველაფერს თან უნდა ახლდეს სათნო სულგრძელობა. გულში სიწყნარესთან ერთად, შენ ასევე უნდა გქონდეს სათნო სულგრძელობა, რათა სულიერი თვინიერება სრულყოფილად გააშენო. მაშინაც კი, თუ ადამიანს აქვს კარგი თვისებები, თუ კი გარეთ შიშველი, ტანსაცმლის გარეშე გავა, მისი სიშიშვლე მას შეარცხვენს. მსგავსად, თვინიერება სათნო სულგრძელობის გარეშე არ არის სრულყოფილი.

სათნო სულგრძელობა არის ტანსაცმელივით, რომელიც თვინიერებას აკაშკაშებს, მაგრამ განსხვავდება ფარისევლური ქმედებებისგან. თუ კი სიწმინდე არ არსებობს შენს გულში, ვერ ვიტყვით, რომ სათნო სულგრძელობა გაქვს მხოლოდ იმიტომ, რომ კეთილი ხილვადი ქმედებები გაქვს.

თუ კი შესაფერისი ქმედებების ჩვენებისკენ გადაიხრები, იმის მაგივრად, რომ გული გააშენო, შენ შესაძლებელია შეწყვიტო შენი შეცდომების და ნაკლების გაცნობიერება და არასწორად იფიქრო, რომ სულიერ სზრდას მიაღწიე.

მაგრამ ამ სამყაროშიც კი, ხალხი, რომელსაც მხოლოდ გარე შესახედაობა აქვს კეთილი თვისებების გარეშე, ვერ მოიპოვებს სხვების გულს. რწმენაშიც მხოლოდ ხილულ ქმედებებზე კონცენტრაცია შიდა სილამაზის გაშენების გარეშე, ფუჭია.

მაგალითად, ზოგი ადამიანი იქცევა პატიოსნად, მაგრამ იმ ადამიანებს კიცხავენ და ზემოდან უყურებენ, რომლებიც მათსავით არ იქცევიან. მათ შეიძლება კარგი სიტყვებით ისაუბრონ, როდესაც რჩევას იძლევიან, მაგრამ გულში მაინც კიცხავენ ადამიანებს და ლაპარაკობენ საკუთარი თვით-სამართლიანობითა და ბოროტი გრძნობებით. ხალხი სიმშვიდეს ამ ადამიანებთან ვერ იპოვნის. მათ უბრალოდ გული ეტკინება და დადარდიანდებიან, ამიტომ აღარ ენდომებათ ასეთ ადამიანებთან დარჩენა.

ზოგი ადამიანი ბრაზდება და ღიზიანდება საკუთარ თვით-სამართლიანობასა და ბოროტებაში. მაგრამ ისინი ამბობენ, რომ მხოლოდ „სამართლიანი გულისწყრომა" აქვთ და რომ ეს სხვების გულისთვისაა. მაგრამ ის ადამიანები, რომლებსაც სათნო სულგრძელობა აქვთ, არც ერთ სიტუაციაში არ დაკარგავენ სიმშვიდეს.

თუ კი მართლა გსურს, რომ სრულყოფილად მოისხა სული წმინდის ნაყოფები, არ შეგიძლია უბრალოდ დაფარო ბოროტება შენს გულში შენი გარე შესახედაობით. თუ კი ამას გააკეთებ, მაშინ ეს მხოლოდ სხვა ადამიანებისთვის ჩვენებაა. შენ ისევ და ისევ უნდა შეამოწმო შენი თავი ყველაფერში და აირჩიო სიკეთის გზა.

იმ ადამიანთა მახასიათებლები, რომლებმაც თვინიერების ნაყოფი მოისხეს

როდესაც ხალხი ხედავს იმ ადამიანებს, რომლებსაც დიდი და თვინიერი გულები აქვთ, ისინი ამბობენ, რომ მათი გულები ოკეანესავით არის. ოკეანე იღებს ყველა დაბინძურებულ წყალს მდინარეებიდან და ასუფთავებს მათ. თუ კი ოკეანესავით დიდ და თვინიერ გულებს გავაშენებთ, ჩვენ შევძლებთ ცოდვით დაბინძურებულ სულებსაც კი ხსნის გზისაკენ წარვუძღვეთ.

თუ კი სულგრძელობა გვაქვს გარედან შიგნით თვინიერებით, ჩვენ შეგვიძლია მივიღოთ მრავალი ადამიანის გული და მივაღწევთ დიდებულ რაღაცეებს. ახლა, ნება მიბოძე იმ ადამიანების ხასიათების მაგალითი მოგიყვანო, რომლებმაც თვინიერების ნაყოფი მოისხეს.

პირველი, ისინი თავიანთ ქმედებებში არიან ღირსეულები და თავშეკავებულები.

იმ ადამიანებს, რომლებსაც თითქოს არ აქვთ სიფიცხე, მაგრამ სინამდვილეში უბრალოდ გაუბედავები არიან, არ შეუძლიათ სხვების მიღება. მათ სხვები ზემოდან დაჰყურებენ და იყენებენ. ისტორიაში, ზოგი მეფე ხასიათებით მშვიდი იყო, მაგრამ არ ჰქონდა სათნო სულგრძელობა, ამიტომ მისი ქვეყანა არ იყო სტაბილური. მოგვიანებით ისტორიაში, ხალხი მას არა მშვიდ ადამიანად აფასებს, არამედ უუნარო და გაუბედავად.

მეორეს მხრივ, ზოგ მეფეს თბილი და წყნარი ხასიათები ჰქონდა სიბრძნესთან და კეთილშობილებასთან ერთად. ასეთი მეფეების მართვის ქვეშ, სახელმწიფო სტაბილური იყო და ხალხი სიმშვიდეში ცხოვრობდა. მსგავსად, იმ ადამიანებს, რომლებსაც თვინიერებაც და სათნო სულგრძელობაც აქვთ, აქვთ სათანადო განსჯის სტანდარტი. ისინი ყველაფერს სამართლიანად აკეთებენ და შეუძლიათ სწორის არასწორისგან განსხვავება.

როდესაც იესომ ტაძარი გაწმინდა და საყვედური გამოუცხადა ფარისევლებსა და მწიგნობრებს, იგი ძალიან ძლიერი და მკაცრი იყო. მას აქვს მშვიდი გული, იგი „მოტეხილ ლერწამს არ გადატეხს და მბჟუტავ პატრუქს არ

დაშრეტს", მაგრამ მაინც უსაყვედურა ხალხს მკაცრად, როდესაც ამის საჭიროება იყო. თუ კი ასეთი ღირსება და სამართლიანობა გაქვს გულში, ხალხი ვერ შეძლებს ზემოდან შემოგხედოს, მიუხედავად იმისა, რომ არასოდეს აუწევ ხმას ან გამკაცრდები.

გარე შეხედულებას დაკავშირებულია უფლის მანერების ქონასთან და სხეულის სრულყოფილ ქმედებებთან. იმ ადამიანებს, რომლებიც სათნოები არიან, აქვთ ღირსება, ძალაუფლება და დიდი მნიშვნელობა თავიანთ სიტყვებში; ისინი დაუდევრად არ საუბრობენ. ისინი შესაფერის ტანისამოსს იცვამენ ყოველი შემთხვევისთვის. მათ აქვთ მშვიდი სახის გამომეტყველება, მაგრამ არა უხეში ან ცივი სახეები.

მაგალითად, ვთქვათ ადამიანს აქვს მოუწესრიგებელი თმა და ტანსაცმელი. წარმოიდგინე მას ასევე მოსწონს ხუმრობების თქმა და საუბრობს უაზრო რაღაცეებზე. ალბათ ძალიან რთულია ასეთი ადამიანისთვის ხალხის ნდობა და პატივისცემა მოიპოვოს. სხვა ხალხს არ მოუნდება მასთან ურთიერთობა და მისი მიღება.

თუ კი იესო სულ იხუმრებდა, მისი მოწაფეები შეეცდებოდნენ მასთან ხუმრობას. ამიტომ, თუ კი იესო მათ რაიმე რთულს ასწავლიდა, ისინი დაუყოვნებლივ კამათს დაიწყებდნენ ან საკუთარი აზრის გატანას მოინდომებდნენ. მაგრამ მათ ამის გაკეთება ვერ გაბედეს. იმ ადამიანებსაც კი, რომლებიც მასთან საკამათოდ მივიდნენ, არ შეეძლოთ კამათი მისი ღირსების გამო. იესოს სიტყვებს და ქმედებებს ყოველთვის ჰქონდათ წონა და ღირსება, ამიტომ ხალხი მას პატივს სცემდა.

რა თქმა უნდა, ზოგჯერ იერარქიაში უფროსს შეუძლია ხუმრობის თქმა თავის ხელქვეითებთან განწყობის შესაქმნელად. მაგრამ თუ კი ხელქვეითები ერთადა იხუმრებენ ბოროტი მანეღებით, ეს იმას ნიშნავს, რომ მათ არ აქვთ სათანადო გაგება. მაგრამ თუ კი ლიდერები არ არიან პატიოსნები და დაბნეულობას ამჟღავნებენ, ისინი ვერ მოიპოვებენ ხალხის ნდობას. განსაკუთრებით, მაღალი რანგის უფროს ოფიცრებს კომპანიაში უნდა ჰქონდეთ

პატიოსანი დამოკიდებულების, მეტყველების და ქმედებების უნარები.

ორგანიზაციაში უფოსმა შეიძლება მოკრძალებული ენით ისაუბროს და პატივისცემით ექცეოდეს თავის ხელქვეითებს, მაგამ ზოგჯერ, თუ კი ერთ-ერთი ხელქვეითი ზედმეტ პატივისცემას გამოამჟღავნებს, ეს ამ უფროსმა შეიძლება ჩვეულებრივი ენით დაელაპარაკოს, და არა მოკრძალებული ფორმით, რათა ხელქვეითს კომფორტული სიტუაცია შეუქმნას. ამ სიტუაციაში, ზედმეტად თავაზიანობამ შეიძლება მის ხელქვეითს უფრო მეტი კომფორტი შეუქმნას და ამ გზით, იგი თავის გულის გადაშლას უფრო ადვილად შეძლებს. მაგრამ მხოლოდ იმიტომ, რომ უფროსი თავის ხელქვეითს მშვიდ სიტუაციას უქმნის, დაბალი წოდების ხალხმა ზემოდან არ უნდა უყურონ თავის უფროსებს, არ უნდა იკამათონ მათთან ან არ დაემორჩილონ.

რომაელთა 15:2-ში წერია, „ყოველი ჩვენგანი უნდა ცდილობდეს აამოს მოყვასს, მისდა სასიკეთოდ და ასაშენებლად." ფილიპელთა 4:8 ამბობს, „და ბოლოს, ძმანო, რაც კი რამ ჭეშმარიტია და პატიოსანი, რაც მართალია და წმიდა, რაც საყვარელია და საქებარი, სათნო და ქებული, იმაზე იფიქრეთ." ანალოგიურად, ადამიანები, რომლებიც სათნო და სულგრძელები არიან, ყველაფერს პატიოსნობით გააკეთებენ და მათ ასევე ხალხის კომფორტზეც უნდა იფიქრონ.

შემდეგი, წყნარი ადამიანები წყალობის და ნუგეშის ქმედებებს ამჟღავნებენ, რადგან მათ დიდი გულები აქვთ.

ისინი არა მარტო ისეთ ადამიანებს ეხმარებიან, რომლებსაც ფინანსურად უჭირთ, არამედ იმ ადამიანებსაც, რომლებიც სულიერად სუსტები არიან. მაგრამ მიუხედავად იმისა, რომ მათ თვინიერება აქვთ, თუ კი ეს თვინიერება მხოლოდ მათ გულებში დარჩება, რთული იქნება ქრისტეს სურნელების გადმოფრქვევა.

მაგალითად, ვთქვათ არსებობს მორწმუნე, რომელსაც თავისი რწმენის გამო დევნიან. თუ კი მის გარშემო მყოფი

ეკლესიის ლიდერები ამას გაიგებენ, მათ მისდამი სიბრალულის გრძნობა ექნებათ და ილოცებენ მისთვის. ისინი არიან ლიდერები, რომლებსაც თანაგრძნობა მხოლოდ გულში აქვთ. მეორეს მხრივ, ზოგი სხვა ლიდერი პირადად ამხნევებს და კომფორტს უქმნის მას და ასევე ეხმარება მას ქმედებებში სიტუაციის მიხედვით. ისინი ეხმარებიან მას რომ რწმენით დასძლიოს ასეთი სიტუაცია.

ამიტომ, მხოლოდ გულში გათვალისწინება და რეალური ქმედებების ჩვენება, მეტად განსხვავებული იქნება იმ ადამიანისთვის, რომელსაც ეს პრობლემა აქვს. როდესაც თვინიერება გარედან მჟღავნდება როგორც სულგრძელური ქმედებები, ამას შეუძლია სხვებს სიცოცხლე და მწყალობლობა მისცეს. ამგვარად, როდესაც ბიბლია ამბობს „თვინიერნი დაიმკვიდრებენ მიწას" (მათე 5:5), ამას აქვს ახლო ურთიერთობა ერთგულებასთან, რომელიც შედეგად ამჟღავნებს სათნო სულგრძელობას. მიწის დამკვიდრება დაკავშირებულია ზეციურ ჯილდოებთან. ჩვეულებრივ, ზეციური ჯილდოების მიღებას ურთიერთობა აქვს ერთგულებასთან. როდესაც ეკლესიისგან დაფასებას, პატივისცემას ან ჯილდოს იღებ სახარების ქადაგებისთვის, ეს არის შენი ერთგულების შედეგი.

ანალოგიურად, მშვიდი ადამიანები მიიღებენ კურთხევებს, მაგრამ ეს არ მოდის თვით მშვიდი გულიდან. როდესაც მშვიდი გული გამომჟღავნებულია სათნო და სულგრძელი ქმედებებით, ისინი მოისხამენ ერთგულების ნაყოფს. შემდეგ კი ამისათვის იღებენ ჯილდოებს. სახელდობრ, როდესაც მიიღებ მრავალ სულს სულგრძელობით, კომფორტს შეუქმნი მათ და გაამხნევებ, შენ ასეთი ქმედებებით ზეცაში მიწას დაიმკვიდრებ.

თვინიერების ნაყოფის მოსხმა

როგორ უნდა მოვისხათ თვინიერების ნაყოფი? ჩვენ უნდა გავაშენი ჩვენი გულები კარგ ნიადაგად.

ბევრ რასმე ასწავლიდა მათ იგავებით და ამბობდა: „აჰა, გამოვიდა მთესავი თესვად. ხოლო თესვისას ზოგი მარცვალი გზის პირას დავარდა, და მოფრინდნენ ფრინველები და აკენკეს ისინი. ზოგიც ქვიან ადგილას დავარდა, სადაც ბლომად არ იყო მიწა, და მალე აღმოცენდა, ვინაიდან ნიადაგი არ იყო ღრმა. მაგრამ ამოვიდა თუ არა მზე, დაჭკნა, და რადგან ფესვი არ ჰქონდა, გახმა. ზოგი კი ეკალ-ბარდებში ჩაცვივდა; იზარდა ეკალი და ერთიანად მოაშთო ყველა. ხოლო ზოგი პოხიერ ნიადაგზე დაეცა და ნაყოფიც გამოიღო: ზოგმა ასი, ზოგმა სამოცი და ზოგმაც ოცდაათი“ (მათე 13:3-8).

მათე 13-ში, ჩვენი გული მიმსგავსებულია ოთხ სხვადასხვა ნიადაგთან. ეს შეიძლება კატეგორიებად დაიყოს: გზისპირა, კლდოვანი მიწა, ეკლიანი მიწა და კარგი ნიადაგი.

გულის ნიადაგი, რომელიც მიმსგავსებულია გზისპირა მიწასთან, უნდა დაინგრეს მისი თვით-სამართლიანობა და ეგოიზმის ჩარჩოები

გზისპირა არის ხალხის მიერ გადავლილი და გამაგრებული, ამიტომ ამაზე თესლის დათესვა არ შეიძლება. თესლები ფესვებს ვერ გამოიღებენ და ჩიტები ჭამენ მას. ისეთი ადამიანები, როგორებსაც ასეთი გულები აქვთ, არიან ჯიუტები. ისინი ჭეშმარიტებას გულს არ უღებენ, ამიტომ ვერ შეხვდებიან ღმერთს და ვერც რწმენა ექნებათ.

მათი საკუთარი ცოდნა და ფასეულობათა სისტემა იმდენად გამაგრებულია, რომ ღმერთის სიტყვას ვერ იღებენ. მათ კატეგორიულად სჯერათ, რომ მართლები არიან. იმისათვის, რომ მათ საკუთარი თვით-სამართლიანობა და ჩარჩოები გაანადგურონ, ჯერ უნდა დაანგრიონ ბოროტება, რომელიც გულში აქვთ. რთულია თვით-სამართლიანობის და ჩარჩოების განადგურება, თუ კი ადამიანი თავის სიამაყეს, ქედმაღლობას, ჯიუტობას და

მატყუარობას ინარჩუნებს. ასეთი ბოროტება გამოიწვევს ადამიანისთვის ხორციელი ფიქრების ქონას, რომლებიც არ აძლევენ საშუალებას ღმერთის სიტყვა იწამონ.

მაგალითად, ის ადამიანები, რომლებსაც გონებაში სიცრუეები აქვთ დაგროვებული, არ შეუძლიათ ეჭვი არ შეეპაროთ, მაშინაც კი, როდესაც ხალხი მათ სიმართლეს ეუბნება. რომაელთა 8:7 ამბობს, „იმიტომ, რომ ხორცის ზრახვა ღვთის მტრობაა, ვინაიდან არ ემორჩილება და ვერც დაემორჩილება ღვთის რჯულს." როგორც წერია, მათ არ შეუძლიათ თქვან „ამინ" ღმერთის სიტყვაზე და ვერც ემორჩილებიან მას.

ზოგი ადამიანი თავდაპირველად ძალიან ჯიუტია, მაგრამ როგორც კი წყალობას მიიღებენ და მათი აზრები შეიცვლება, ისინი საკუთარ რწმენაში გულმოდგინეები ხდებიან. ეს არის შემთხვევა, როდესაც ადამიანს აქვს გამაგრებული გარე აზრები, მაგრამ რბილი და ნაზი შიდა გული. მაგრამ გზისპირა ნაირი ადამიანები განსხვავდებიან ასეთი ადამიანებისგან. მათი შემთხვევა არის ის, როდესაც შიდა გულიც კი გამაგრებულია. გული, რომელიც გარედან გამაგრებულია, მაგრამ შიგნიდან ნაზი, შეიძლება შედარებულ იქნას ყინულის თხელ ფურცელთან, როდესაც გზისპირა შეიძლება შევადაროთ წყლის სავსე აუზთან, რომელიც ბოლომდე გაყინულია.

რადგან გზისპირა ნაირი გული არაჭეშმარიტებისა და ბოროტებისგან არის გამაგრებული დიდი ხნის განმავლობაში, არ არის ადვილი მას განადგურება მცირე ხანში. ადამიანმა არ უნდა შეწყვიტოს მისი განადგურება, რათა იგი გააშენოს. ყოველთვის, როდესაც ღმერთის სიტყვა არ ეთანხმება მათ აზრებს, მათ იმაზე უნდა იფიქრონ, არის თუ არა მათი აზრები სწორი. ასევე, მათ უნდა დააგროვონ სიკეთის ქმედებები, რათა ღმერთმა შეძლოს მათთვის წყალობის მიცემა.

ზოგჯერ, ადამიანი მთხოვს მისთვის ვილოცო, რათა რწმენა ჰქონდეთ. რა თქმა უნდა, საცოდაობაა, რომ არ შეუძლიათ რწმენა ჰქონდეთ მას შემდეგაც კი, რაც ღმერთის

დიდი ძალის გამოვლენა ნახეს და ღმერთის სიტყვა მოისმინეს, მაგრამ მაინც სჯობს იმას, რომ საერთოდ არ სცადო ადამიანმა. გზისპირა მსგავსი გულების შემთხვევაში, მათი ოჯახის წევრებმა და ეკლესიის ლიდერებმა უნდა ილოცონ მათთვის და წარუძღვნენ, მაგრამ მნიშვნელოვანია, რომ ისინი თვითონაც ეცდებიან. შემდეგ, გარკვეულ მომენტში, სიტყვის თესლი დაიწყებს აყვავებას მათ გულებში.

გულმა, რომელიც მიმსგავსებულია კლდოვან მიწას, უნდა განდევნოს ამ სამყაროს სიყვარული

თუ კი კლდოვან მიწაზე თესლს დათესავ, ისინი ყლორტს გამოიღებენ, მაგრამ ვერ აყვავდებიან კლდეების გამო. ანალოგიურად, ის ადამიანები, რომლებსაც კლდოვანი მიწის გულები აქვთ, მალე დაეცემიან, როდესაც გამოცდები, განდევნები ან ცდუნებები შეხვდებათ.

როდესაც ღმერთის წყალობას იღებენ, ისინი გრძნობენ, რომ თითქოს მართლა სურთ ღმერთის სიტყვის მიხედვით იცხოვრონ. მათ შეიძლება სული წმინდის ცეცხლოვანი სასწაულებიც კი გამოცადონ. სწორედ რომ ვთქვთ, სიტყვის თესლი მათ გულში ჩავარდა და ყლორტი გამოიღო. თუმცა, ამ წყალობის მიღების შემდეგაც კი, მათ აქვთ წინააღმდეგობრივი აზრები, როდესაც ეკლესიაში მიდიან შემდეგ კვირა დღეს. მათ უდავოდ გამოცადეს სული წმინდა, მაგრამ მაინც ეჭვის გრძნობები უჩნდებათ, რომ ეს უბრალოდ ემოციური აღელვება იყო. მათ აქვთ აზრები, რომლებიც ეჭვს უჩენენ და კიდევ ერთხელ ხურავენ თავიანთი გულის კარებს.

სხვებისთვის კონფლიქტი შეიძლება ის იყოს, რომ არ შეუძლიათ თავიანთი ჰობის მიტოვება ან გართობის, რომლითაც სიამოვნებას იღებენ და არ ინახავენ უფლის დღეს წმინდად. თუ კი მათ საკუთარი ოჯახის წევრები დევნიან ან სამსახურში ფუროსები, როდესაც რწმენაში სულით სავსე ცხოვრებით ცხოვრობენ, ისინი აღარ დადიან

153

თვინიერება

ეკლესიაში. მათ უხვი წყალობა ეძლევათ და თითქოს მგზნებარე ცხოვრებით ცხოვრებენ რწმენაში რაღაც დროის განმავლობაში, მაგრამ თუ კი პრობლემა აქვთ სხვა მორწმუნეებთან ეკლესიაში, შეიძლება თავი შეურაწხყოფილად იგრძნონ და მალე ეკლესია დატოვონ.

მაშინ, რა არის იმის მიზეზი, რომ სიტყვის თესლი არ იდგამს ფესვებს? ეს არის „კლდეების" გამო, რომლებიც მის გულშია მოთავსებული. გულის ხორცი სიმბოლურად გამოსახულია „კლდეებით" და ეს არის ის არაჭეშმარიტებები, რომლებიც არ აძლევენ მათ საშუალებას სიტყვას დაემორჩილონ. მრავალ არაჭეშმარიტებას შორის, ესენი არის ისინი, რომლებიც იმდენად რთულია, რომ სიტყვის თესლს არ აძლევს საშუალებას ფესვები გაიდგას. უფრო კონკრეტულად, ეს არის გულის ხორცი, რომელსაც უყვარს ეს სამყარო.

თუ კი მათ რაიმე ამქვეყნიური გართობის ფორმა უყვართ, რთულია სიტყვა დაიცვან, რომელიც ეუბნება მათ „უფლის ფდე წმინდად შეინახე." ასევე, ის ადამიანები, რომლებსაც გაუმაძღრობის კლდე აქვთ გულში, არ მოდიან ეკლესიაში, რადგან არ უყვართ ეკლესიის გადასახადის გაცემა და ღმერთისთვის შესაწირის გაკეთება. ზოგ ადამიანს კი გულში სიძულვილის კლდე აქვს, ამიტომ სიყვარულის სიტყვა მათში ფესვებს ვერ იდგამს.

იმ ადამიანებს შორის, რომლებიც ეკლესიაში კარგად დადიან, არიან ისეთებიც, რომლებსაც აქვთ კლდოვანი მიწის გულები. მაგალითად, მიუხედავად იმისა, რომ ქრისტიანულ ოჯახში დაიბადნენ და გაიზარდნენ და ჭეშმარიტი სიტყვა ბავშვობიდანვე ისწავლეს, ისინი მაინც არ ცხოვრობენ სიტყვის მიხედვით. მათ განიცადეს სული წმინდა და წყალობებიც აქვთ მიღებული, მაგრამ ისინი არ დევნიან თავიანთ სამყაროსადმი სიყვარულს. როდესაც სიტყვას უსმენენ, ისინი ფიქრობენ საკუთარ თავებზე, რომ არ უნდა იცხოვრონ ისე, როგორც ახლა ცხოვრობენ, მაგრამ როგორც კი სახლში მიდიან, მაშინვე ამ სამყაროს უბრუნდებიან. სიტყვის გაგების გამო, ისინი არ ტოვებენ

154

ღმერთს, მაგრამ გულში მაინც აქვთ კლდეები, რომლებიც ღმერთის სიტყვას საშუალებას არ აძლევენ ფესვები გაიდგას მათში.

ასევე, ზოგი კლდოვანი მიწა არის ნაწილობრივ კლდოვანი. მაგალითად, ზოგი ადამიანი ერთგულია აზრის შეცვლის გარეშე. ისინი ასევე ისხამენ ზოგიერთ ნაყოფს. მაგრამ გულში სიძულვილი აქვთ და სხვებთან კონფლიქტები აქვთ ყველაფრის შესახებ. ისინი ასევე კიცხავენ სხვებს, ამგვარად სიმშვიდე აქვთ ყველგან დარღვეული. ამ მიზეზის გამო, მრავალი წლის შემდეგ, ისინი ვერ ისხამენ სიყვარულის ან თავმდაბლობის ნაყოფს. სხვებს აქვთ ნაზი და კეთილი გულები. მათ ესმით სხვების, მაგრამ არ არიან ერთგულები. ისინი ადვილად არღვევენ დაპირებებს და უპასუხისმგებლოები არიან მრავალ ასპექტში. ამიტომ, მათ უნდა გააუმჯობესონ თავიანთი ნაკლოვანებები, რათა გადააქციონ თავიანთი გულის მიწა კარგ ნიადაგად.

რა უნდა ვქნათ იმისათვის, რომ კლდოვანი მიწა მოვხნათ?

პირველი, ჩვენ ბეჯითად უნდა მივყვეთ სიტყვას. გარკვეული მორწმუნე ცდილობს თავისი მოვალეობები შეასრულოს სიტყვის მორჩილებით, რომელიც ეუბნება, რომ იყოს ერთგული. მაგრამ ეს მისთვის ისეთი ადვილი არ აღმოჩნდა, როგორიც ეგონა.

როდესაც იგი უბრალოდ ეკლესიის წევრი იყო, რომელსაც არ ჰქონდა წოდება ან პოზიცია, სხვა ეკლესიის წევრები ემსახურებოდნენ მას. მაგრამ ახლა მის მდგომარეობაში, იგი უნდა ემსახუროს სხვა უბრალო წევრებს. იგი შეიძლება ცდილობდეს, მაგრამ მას აქვს ცუდი გრძნობები, როდესაც ისეთ ადამიანთან ერთად მუშაობს, რომელიც არ ეთანხმება მის აზრებს. მისი ბოროტი გრძნობები, როგორიც არის გულისწყრომა და სიფიცხე, მისი გულიდან მოდის. იგი თანდათანობით კარგავს სულის სისავსეს და თავისი

მოვალეობის მიტოვებაზეც კი ფიქრობს.

შემდეგ, ეს ბოროტი გრძნობები არის კლდეებივით, რომლებიც მან თავისი გულიდან უნდა განდევნოს. ეს ბოროტი გრძნობები წარმოშობილია დიდი კლდიდან, რომელსაც ჰქვია „სიძულვილი." როდესაც ცდილობს სიტყვას დაემორჩილოს, „იყოს ერთგული", იგი ეჯახება „სიძულვილის" კლდეს. როდესაც ამას აღმოაჩენს, მან უნდა შეუტიოს ამ „სიძულვილის" კლდეს და უნდა აღმოფხვრას. მხოლოდ ამის შემდეგ შეძლებს დაემორჩილოს სიტყვას, რომელიც გვეუბნება, რომ უნდა გვიყვარდეს და რომ სიმშვიდე უნდა გვქონდეს. ასევე, იგი მხოლოდ იმიტომ არ უნდა დანებდეს, რომ რთულია; იგი უნდა ჩაებღაუჭოს თავის მოვალეობას კიდევ უფრო ძლიერად და უფრო მგძნებარედ უნდა შეასრულოს იგი. ამ გზით, იგი შეიცვლება ისეთ მსახურად, რომელიც არის მშვიდი.

მეორე, ჩვენ მგზნებარედ უნდა ვილოცოთ, როდესაც ღმერთის სიტყვას ვანხორციელებთ. როდესაც წვიმა დაეცემა მიწას, იგი ხდება რბილი და ნამიანი. ეს არის კარგი დრო ქვების მოსაშორებლად. ანალოგიურად, როდესაც ვლოცულობთ, ჩვენ ავივსებით სულით და ჩვენი გული გახდება რბილი. როდესაც ლოცვებით სული წმინდით ვივსებით, ჩვენ ეს შანსი ხელიდან არ უნდა გავუშვათ. ჩვენ სწრაფად უნდა ამოვიღოთ ქვები. სახელდობრ, ჩვენ დაუყოვნებლივ უნდა განვახორციელოთ ის ყველაფერი, რასაც ადრე ვერ ვემორჩილებოდით. როგორც კი ამის გაკეთებას განვაგრძობთ, ჩვენში მოთავსებული დიდი ლოდებიც კი შეირხევა და აღმოიფხვრება. როდესაც ღმერთის წყალობას და სიძლიერეს და სული წმინდის სისავსეს მივიღებთ, შემდეგ შევძლებთ განვდევნოთ ცოდვები და ბოროტება, რომელთა განდევნაც საკუთარი ნებისყოფით ვერ შევძელით.

ეკლიანი მიწა ვერ ისხამს ნაყოფს ამ სამყაროს წუხილების და სიმდიდრის საცთურის გამო

თუ კი თესლს ეკლებიან ადგილზე დავთესავთ, ისინი შეიძლება გაიზარდნონ და აყვავდნენ, მაგრამ ეკლების გამო ვერანაირ ნაყოფს ვერ მოისხამენ. მსგავსად, იმ ადამიანებს, რომლებსაც ეკლებიანი მიწის ნაირი გულები აქვთ, სწამთ და ცდილობენ სიტყვა განახორციელონ, მაგრამ ამის გაკეთებას სრულყოფილად ვერ ახერხებენ. ეს იმიტომ, რომ მათ აქვთ ამ სამყაროს წუხილები და სიმდიდრის საცთური, რომელიც არის ფულის, სახელის და ძალაუფლების სიხარბე. ამ მიზეზის გამო, ისინი ცხოვრობენ გამოცდებსა და მწუხარებაში.

ასეთ ადამიანებს აქვთ ფიზიკური რაღაცეების წუხილები, როგორიც არის სახლის რუტინული სამუშაო, მათი ბიზნესი ან სამსახური, მიუხედავად იმისა, რომ ეკლესიაში დადიან. ეკლესიაში ყოფნისას მათ უნდა მიიღონ ნუგეში და ახალი ძალა, მაგრამ ისინი მხოლოდ წუხილებითა და დარდით ივსებიან. შემდეგ, მიუხედავად იმისა, რომ მრავალ კვირა დღეს ატარებენ ეკლესიაში, ისინი ჭეშმარიტ სიხარულს და კვირა დღის წმინდად შენახვის სიმშვიდეს ვერ უგებენ გემოს. თუ კი ჭეშმარიტად შეინახავენ კვირა დღეს წმინდად, მათი სულები აყვავდება და მიიღებენ სულიერ და მატერიალურ კურთხევებს. მაგრამ, მათ არ შეუძლიათ ასეთი კურთხევების მიღება. ამიტომ, მათ უნდა აღმოფხვრან ეკლები და განახორციელონ ღმერთის სიტყვა სათანადოდ, რათა კარგი გულის ნიადაგი ჰქონდეთ.

მაშინ, როგორ უნდა მოვხნათ ეკლიანი მიწა?

ჩვენ ეკლები ძირიანად უნდა ამოვაძროთ. ეკლები სიმბოლურად გამოხატავს ხორციელ აზრებს. მათი ფესვები არის გულის ბოროტება და ხორციელი რაღაცეები. სახელდობრ, გულში ბოროტება და ხორციელი თვისებები, არის ხორციელი აზრების წყარო. თუ კი ტოტები უბრალოდ მოჭრილია ეკლიანი ბუჩქებიდან, ისინი კიდევ გაიზრდებიან. მსგავსად, მიუხედავად იმისა, რომ გვსურს არ გვქონდეს ხორციელი აზრები, ჩვენ მათ ვერ შევაჩერებთ სანამ გულში

ბოროტება გვექნება. ჩვენ გულის ხორცი ფესვიდან უნდა ამოვაძროთ.

მრავალ ფესვს შორის, თუ კი ამოვაძრობთ ფესვებს, რომლებსაც სიხარბე და ამპარტავნობა ჰქვია, ჩვენ შეგვიძლია ჩვენი გულიდან ხორცი მნიშვნელოვნად განვდევნოთ. ჩვენ მიდრეკილება გვაქვს ამ სამყაროსაკენ და ამ სამყაროს რაღაცეებზე ნერვიულობისაკენ, რადგან ხორციელი რაღაცეების გაუმაძღრობა გვაქვს. შემდეგ ჩვენ ყოველთვის ვფიქრობთ თუ რა არის ჩვენთვის სარგებელი და საკუთარ გზას მივყვებით, მიუხედავად იმისა, რომ შეიძლება ვთქვათ, რომ ღმერთის სიტყვის მიხედვით ვცხოვრობთ. ასევე, თუ კი ამპარტავნობა გვაქვს, ჩვენ მას სრულყოფილად ვერ დავემორჩილებით. ჩვენ გამოვიყენებთ ჩვენს ხორციელ სიბრძნეს და ხორციელ აზრებს, რადგან ვფიქრობთ, რომ რაღაცის გაკეთების უნარი გვაქვს. ამგვარად, ჩვენ პირველ რიგში გაუმაძღრობის და ამპარტავნობის ფესვები უნდა ამოვაძროთ.

კარგი ნიადაგის გაშენება

როდესაც თესლები კარგ მიწაზეა დათესილი, ისინი ყვავდებიან და ისხამენ 30, 60, ან 100-ჯერ მეტ ნაყოფს. ასეთი გულის პატრონ ადამიანებს არ აქვთ თვით-სამართლიანობა და ჩარჩოები, იმ ადამიანებივით, რომლებსაც გზისპირა ნაირი გულები აქვთ. მათ არ აქვთ ქვები ან ეკლები და ამგვარად ისინი ემორჩილებიან ღმერთის სიტყვას მხოლოდ „ამინით." ამ გზით, მათ შეუძლიათ მოისხან უხვი ნაყოფი.

რა თქმა უნდა, რთულია ნათელი სხვაობის გაკეთება ადამიანის გულის გზისპირა, ქვებიან, ეკლებიან და კარგ მიწაში. გზისპირა გულში შეიძლება შედიოდეს მცირე ქვებიანი მიწა. კარგ მიწაშიც შეიძლება იყოს არაჭეშმარიტება, რომლებიც ქვებივითაა გაზრდის პროცესში. მაგრამ არ აქვს მნიშვნელობა თუ როგორი მიწა გვექნება, ჩვენ შეგვიძლია ის კარგ მიწად გავხადოთ, თუ კი

ბეჯითად მოვხნავთ. ამის მსგავსად, მნიშვნელოვანი რამ ის არის, თუ როგორ ბეჯითად ვხნავთ მიწას, და არა თუ როგორი ტიპის გულის მიწა გვაქვს.

ყველაზე უნაყოფო მიწიც გაშენებაც კი შეიძლება კარგ მიწად, თუ კი ფერმერი მას ბეჯითად მოხნის. მსგავსად, ადამიანების გულის მიწები შეიძლება შეიცვალოს ღმერთის ძალით. ყველაზე მეტად გამაგრებული გულის მოხნაც კი შეიძლება სული წმინდის დახმარებით.

რა თქმა უნდა, სული წმინდის მიღება სულაც არ ნიშნავს იმას, რომ ჩვენი გულები ავტომატურად შეიცვლება. იქ ჩვენი საკუთარი ძალისხმევაც უნდა იყოს. ჩვენ უნდა ვეცადოთ, რომ მხურვალედ ვილოცოთ, ვეცადოთ ვიფიქროთ ყველაფერზე მხოლოდ ჭეშმარიტებით და ვეცადოთ განვარხორციელოთ ჭეშმარიტება. ჩვენ არ უნდა დავნებდნეთ რამდენიმე კვირის ან რამდენიმე თვის განმავლობაში ცდის შემდეგ, არამედ უნდა განვაგრძოთ ცდა.

ღმერთი სანამ თავის წყალობას და ძალას და სული წმინდის დახმარებას მოგვცემდეს, ჯერ ჩვენს ძალისხმევას განიხილავს. თუ კი გონებაში ჩავიბეჭდავთ იმას, თუ რა უნდა შევცვალოთ და მართლაც შევცვლით ამ თვისებებს ღმერთის წყალობითა და ძალით და სული წმინდის დახმარებით, მაშინ ჩვენ უდავოდ შევიცვლებით. ჩვენ ვილაპარაკებთ კარგ სიტყვებს ჭეშმარიტების მიყოლით და ჩვენი აზრებიც შეიცვლება ისეთ აზრებად, რომლებიც ჭეშმარიტებაა.

იმდენად, რამდენადაც ჩვენი გულის მიწას კარგად ნიადაგად გავხდით, სხვა სული წმინდის ნაყოფებსაც მოვისხამთ. კერძოდ, თვინიერება ახლოდ არის დაკავშირებულია ჩვენი გულის ნიადაგის გაშენებასთან. სანამ არ განვდევნით ისეთ არაჭეშმარიტებებს, როგორებიც არის სიფიცხე, სიძულვილი, შური, სიხარბე, კინკლაობა, ტრაბახი, და თვით-სამართლიანობა, ჩვენ ვერ გვექნება თვინიერება. შემდეგ, სხვა სულები ვერ იპოვნიან ჩვენში სიმშვიდეს.

ამ მიზეზის გამო, თვინიერება უფრო პირდაპირ არის

დაკავშირებული სიწმინდესთან, ვიდრე სული წმინდის სხვა ნაყოფები. ჩვენ შეგვიძლია სწრაფად მივიღოთ ის, რასაც ლოცვაში ვითხოვთ როგორც კარგი ნიადაგი, რომელიც აწარმოებს ნაყოფს, თუ კი სულიერ თვინიერებას გავაშენებთ. ასევე შევძლებთ სული წმინდის ხმის ნათლად გაგონებას, რათა ყველაფერში წარმატებული გზით ვიაროთ.

კურთხევები თვინიერებისთვის

არ არის ადვილი ისეთი კომპანიის მართვა, რომელსაც ასობით თანამშრომელი ჰყავს. მაშინაც კი, თუ არჩევნებით ჯგუფის ლიდერი გახდი, არ არის ადვილი მთელი ჯგუფი მართო. ამდენი ადამიანის გაერთიანებისა და მართვისთვის, ადამიანს უნდა შეეძლოს ხალხის გულის მოგება სულიერი თვინიერებით.

რა თქმა უნდა, ხალხი შეიძლება გაჰყვეს ისეთ ადამიანებს, რომლებსაც ძალა აქვთ ან რომლებიც მდიდრები არიან და თითქოს ეხმარებიან ამ სამყაროს გაჭირვებულებს. კორეული გამონათქვამია, „როდესაც მინისტრის ძაღლი კვდება, დამტირებლების ზღვა არის, მაგრამ როდესაც თვით მინისტრი კვდება, იქ არ არსებობს დამტირებელი." როგორც ამ გამონათქვამშია, ჩვენ შეგვიძლია გავიგოთ ადამიანი მართლა იყო თუ არა სულგრძელი, როდესაც თავის ძალასა და სიმდიდრეს დაკარგავს. როდესაც ადამიანი არის მდიდარი და ძლიერი, ხალხი თითქოს მიჰყვება მას, მაგრამ რთულია იპოვნო ადამიანი, რომელიც ამ ადამიანის გვერდით ბოლომდე იქნება, მიუხედავად იმისა, რომ მან მთელი თავისი ძალა და სიმდიდრე დაკარგა.

მაგრამ ადამიანს, რომელსაც აქვს სათნოება და სულგრძელობა, მრავალი ადამიანი მიჰყვება მაშინაც კი, როდესაც თავის ძალასა და სიმდიდრეს კარგავს. ისინი მას არა ფულის სარგებლის გამო მიჰყვებიან, არამედ იმიტომ,

რომ მასთან სიმშვიდეს პოულობენ.

ეკლესიაშიც კი, ზოგი ლიდერი ამბობს, რომ ძნელია, რადგან არ შეუძლიათ რამდენიმე ჯგუფის წევრის მიღება. თუ კი თავიანთ ჯგუფში სურთ აღორძინება ჰქონდეთ, მათ პირველ რიგში ნაზი გული უნდა გააშენონ, რომელიც ბამბასავით რბილია. შემდეგ, ჯგუფის წევრები თავიანთ ლიდერებთან სიმშვიდეს იპოვნიან, ისიამოვნებენ ამ სიმშვიდით და ბედნიერებით და შემდეგ აღორძინება ამას ავტომატურად მოჰყვება. პასტორები და მღვდლები უნდა იყვნენ მშვიდები და შეეძლოთ მრავალი სულის მიღება.

არსებობს კურთხევები, რომლებიც თვინიერ ადამიანებს ეძლევათ. მათე 5:5 ამბობს, „ნეტარ არიან თვინიერნი, ვინაიდან ისინი დაიმკვიდრებენ მიწას." როგორც ნახსენებია, მიწის დამკვიდრება არ ნიშნავს იმას, რომ მიწას ამ სამყაროში მივიღებთ. ეს იმას ნიშნავს, რომ ჩვენ მიწას ზეცაში იმდენად მივიღებთ, რამდენადაც ჩვენს გულებში სულიერ თვინიერებას გავაშენებთ. ჩვენ იმხელა სახლს მივიღებთ ზეცაში, რომ შეგვეძლება ის ყველა სული დავპატიჟოთ, რომელბმაც ჩვენში სიმშვიდე იპოვნეს.

ზეცაში ასეთი დიდი საცხოვრებელი ადგილის მიღება ასევე ნიშნავს იმას, რომ ჩვენ გვექნება მეტად პატივცემული პოზიცია. მაშინაც კი, თუ დედამიწაზე ასეთი დიდი მიწა გვაქვს, ჩვენ ამას ზეცაში ვერ წავიღებთ. მაგრამ მიწა, რომელსაც ზეცაში მივიღებთ თვინიერი გულის გაშენებით, იქნება ჩვენი მემკვიდრეობა, რომელიც არასოდეს გაქრება. ჩვენ ვისიამოვნებთ საუკუნო ბედნიერებით ჩვენს ადგილას უფალთან და ჩვენს საყვარელ ადამიანებთან ერთად.

ამგვარად, მე იმედი მაქვს, რომ შენ ბეჯითად მოხნი შენს გულს, რათა მოისხა თვინიერების ლამაზი ნაყოფი, რომ დაიმკვიდრო დიდი მიწა ზეციურ სასუფეველში, როგორც მოსემ მიიღო.

1 კორინთელთა 9:25

„ვინც იღვწის, ყველაფერს ითმენს: მოღვაწენი იმისთვის, რომ მიიღონ ხრწნადი გვირგვინი, ჩვენ კი იმისთვის, რომ დავიმსახუროთ უხრწნელი.“

თავი 10

თავშეკავება

თავშეკავება საჭიროა ცხოვრების ყველა ასპექტში
თავშეკავება, ძირითადი რამ ღმერთის
შვილებისთვის
თავშეკავება სული წმინდის ნაყოფებს
სრულყოფილს ხდის
მტკიცებულებები, რომ თავშეკავების ნაყოფი
მოსხმულია
თუ კი გსურს, რომ თავშეკავების ნაყოფი მოისხა

თავშეკავება

მარათონი არის 42.195 კილომეტრიანი (26 მილი და 385 იარდი) რბენა. მორბენალებმა სისწრაფე კარგად უნდა მართონ, რათა ფინიშის ხაზს მიაღწიონ. ეს არ არის მოკლე მანძილიანი რბენა, რომელიც მალე სრულდება, ამიტომ მათ არეულ-დარეულად არ უნდა ირბინონ მთელი სისწრაფით. მათ უნდა შეინარჩუნონ თანაბარი სიჩქარე მთელი მსვლელობის განმავლობაში და როდესაც ხელსაყრელ წერტილს მიუახლოვდებიან, შეუძლიათ ენერგიის ბოლო ძლიერი ნაკადი გასცენ.

იგივე პრინციპი ეხება ჩვენს ცხოვრებას. ჩვენ ბოლომდე თანაბრად უნდა ვიყოთ ერთგულები ჩვენი რწმენის სირბილში და უნდა მოვიგოთ ბრძოლა საკუთარი თავების წინააღმდეგ. გარდა ამისა, იმ ადამიანებმა, რომლებსაც სურთ დიდებული გვირგვინები ზეციურ სასუფეველში, ყველაფერში უნდა შეძლონ თავშეკავების გავარჯიშება.

თავშეკავება საჭიროა ცხოვრების ყველა ასპექტში

ამ სამყაროში ჩვენ ვხედავთ, რომ ადამიანები, რომლებსაც თავშეკავება არ აქვთ, საკუთარ სიცოცხლეს ირთულებენ. მაგალითად, თუ კი მშობლები საკუთარ შვილს ზედმეტ სიყვარულს აძლევენ მხოლოდ იმიტომ, რომ იგი ბავშვია, სავარაუდოა, რომ ბავშვი განებივრებული იქნება. ასევე, მიუხედავად იმისა, რომ მათ იციან რომ უნდა მართონ და იზრუნონ თავიანთ ოჯახებზე, ადამიანები, რომლებიც დამოკიდებულები არიან აზარტულ თამაშებზე ან სიამოვნების სხვა ფორმებზე, ოჯახებს ანგრევენ, რადგან საკუთარ თავს ვერ აკონტროლებენ. ისინი ამბობენ, „ეს ბოლო იქნება. ამას აღარ გავაკეთებ," მაგრამ ეს „ბოლო ჯერ" გრძელდება და გრძელდება.

ცნობილ ჩინურ ისტორიულ რომანში სამი სამეფოს

რომანი, ზანგ ფეი არის სიყვარულითა და გულადობით სავსე, მაგრამ ფიცხი და აგრესიულია. ლიუ ბეი და გუან იუ, რომლებმაც მას ძმობა შეფიცეს, ყოველთვის ნერვიულობენ, რომ მან შეიძლება ნებისმიერ მომენტში შეცდომა ჩაიდინოს. ზანგ ფეი იღებს რჩევას, მაგრამ მას არ შეუძლია თავისი ხასიათის შეცვლა. საბოლოოდ, მას პრობლემები შეექმნა თავისი სიფიცხის გამო. იგი ცემდა და ამათრახებდა თავის ხელქვეითებს, რომლებიც არ აკმაყოფილებდნენ მის მოლოდინს და ორმა კაცმა, რომლებიც ფიქრობდნენ, რომ უკანონოდ დაისაჯნენ, მოკლეს იგი და მტრის ბანაკს ჩაბარდნენ.

მსგავსად, ადამიანები, რომლებიც არ აკონტროლებენ თავიანთ სიფიცხეს, მრავალ ადამიანს გულს ტკენენ სახლში და სამსახურში. მათთვის ადვილია, რომ სხვებთან მტრული ურთიერთობა გამოიწვიონ და ამგვარად მათ სავარაუდოდ არ ექნებათ წარმატებული ცხოვრება. მაგრამ ბრძენი ადამიანები საკუთარ თავზე დაიბრალებენ ყველაფერს და აიტანენ სიბრაზის გამომწვევ სიტუაციებშიც კი. მაშინაც კი, თუ სხვები დიდ შეცდომებს დაუშვებენ, ისინი აკონტროლებენ თავიანთ სიფიცხეს და სხვებს გულს უთბობენ ნუგეშის სიტყვებით. ასეთი ქმედებები ბრძნული ქმედებებია, რომლებიც მრავალი ადამიანის გულს მოიგებს.

თავშეკავება, ძირითადი რამ ღმერთის შვილებისთვის

ძირითადად, ჩვენ, როგორც ღმერთის შვილები, გვჭირდება თავშეკავება, რათა ცოდვები განვდევნოთ. რაც უფრო ნაკლები თავშეკავება გვაქვს, უფრო დიდ სირთულეს ვიგრძნობთ ცოდვების განდევნაში. როდესაც ღმერთის სიტყვას ვუსმენთ და მის წყალობას ვიღებთ, ჩვენ გადაწყვეტილებას ვიღებთ რომ შევიცვალოთ, მაგრამ მაინც

არსებობს შანსი, რომ ამ სამყარომ შეგვაცდინოს.

ჩვენ ამას ვხედავთ იმ სიტყვებით, რომლებიც ჩვენი პირიდან ამოდის. მრავალი ადამიანი ლოცულობს, რათა საკუთარი პირი წმინდა და სრულყოფილი გახადონ. მაგრამ ცხოვრებაში მათ ავიწყდებათ, თუ რისთვის ილოცეს და ისე საუბრობენ როგორც სურთ, მიჰყვებიან ძველ ჩვევებს. როდესაც ისეთ რაღაცას ხედავენ, რაც მათთვის გასაგებად რთულია, რადგან მათ აზრს ან რწმენას ეწინააღმდეგება, ზოგი ადამიანი ბუზღუნებს და ჩივის ამის გამო.

მათ მოგვიანებით შეიძლება ინანონ, მაგრამ არ შეუძლიათ საკუთარი თავის გაკონტროლება, როდესაც მათი ემოციები შფოთდება. ასევე, ზოგ ადამიანს იმდენად უყვარს სიყვარული, რომ ვერც კი ჩერდებიან საუბარს რომ იწყებენ. ისინი ვერ ანსხვავებენ ჭეშმარიტების და არაჭეშმარიტების სიტყვებს და თუ რა უნდა თქვან და რა არა და ამიტომ მრავალ შეცდომას ჩადიან.

ჩვენ შეგვიძლია გავიგოთ, თუ როგორ მნიშვნელოვანია თავშეკავება მხოლოდ ჩვენი სიტყვების გაკონტროლების ასპექტით.

თავშეკავება სული წმინდის ნაყოფებს სრულყოფილს ხდის

თავშეკავების ნაყოფი, როგორც სული წმინდის ერთ-ერთი ნაყოფი, უბრალოდ არ გულისხმობს საკუთარი თავის კონტროლს ცოდვების ჩადენისგან. თავშეკავება როგორც სული წმინდის ერთ-ერთი ნაყოფი, აკონტროლებს სული წმინდის სხვა ნაყოფებს, რათა სრულყოფილები გახდნენ. ამ მიზეზის გამო, სულის პირველი ნაყოფი არის სიყვარული და ბოლო კი თავშეკავება. თავშეკავება შედარებით უფრო ნაკლებად შესამჩნევია ვიდრე სხვა ნაყოფები, მაგრამ ძალიან მნიშვნელოვანია. იგი აკონტროლებს ყველაფერს,

რათა იყოს სტაბილურობა, ორგანიზება და კონკრეტულობა. ეს სულის ნაყოფებიდან ბოლოს იმიტომ არის ნახსენები, რომ სხვა ყველა ნაყოფის სრულყოფილება თავშეკავებით ხდება.

მაგალითად, მიუხედავად იმისა, რომ ჩვენ სიხარულის ნაყოფი გვაქვს, არ შეგვიძლია უბრალოდ ჩვენი სიხარული ნებისმიერ დროს ნებისმიერ ადგილას გამოვხატოთ. როდესაც სხვა ადამიანები დაკრძალვაზე გლოვობენ, თუ კი სახეზე დიდი ღიმილი გექნება, რას იტყვიან ეს ადამიანები შენზე? ისინი არ იტყვიან, რომ გულმოწყალე ხარ, რადგან სიხარულის ნაყოფი გაქვს მოსხმული. მიუხედავად იმისა, რომ ხსნის მიღების სიხარული უდიდესია, ჩვენ გვჭირდება თავშეკავება სიტუაციის მიხედვით. ამ გზით, ჩვენ შეგვიძლია ეს სული წმინდის ჭეშმარიტი ნაყოფი გავხადოთ.

ასევე მნიშვნელოვანია, რომ გვქონდეს თავშეკავება, როდესაც ღმერთის ერთგულები ვართ. განსაკუთრებით, თუ კი მრავალი მოვალეობა გაქვს, შენ შენი დრო შესაბამისად უნდა გაანაწილო, რათა იმ ადგილას იყო, სადაც ყველაზე მეტად ხარ საჭირო სათანადო დროს. მაშინაც კი, როდესაც გარკვეული შეხვედრა მეტად მწყალობელია, შენ ის მაშინ უნდა დაასრულო, როდესაც მისი დასრულებაა საჭირო. მსგავსად, ღმერთის ყველა სახლში ერთგულებისთვის, ჩვენ გვჭირდება თავშეკავების ნაყოფი.

ეს იგივეა სული წმინდის სხვა ყველა ნაყოფზეც, სიყვარულის, წყალობის და სიკეთის ჩათვლით. როდესაც გულში მოსხმულ ნაყოფები ქმედებებშია გამოვლენილი, ჩვენ უნდა გავყვეთ სული წმინდის წინამძღოლობასა და ხმას, რათა იგი ყველაზე შესაფერისი გავხადოთ. ჩვენ შეგვიძლია პრიორიტეტი მივანიჭოთ იმ სამუშაოს, რომელიც პირველი რიგში უნდა გავაკეთოთ. ჩვენ შეგვიძლია განვსაზღვროთ ერთი ნაბიჯი წინ უნდა გადავდგათ თუ უკან. ჩვენ შეგვიძლია ასეთი ამოცნობა გვქონდეს თავშეკავების

ნაყოფით.

თუ კი ადამიანს სული წმინდის ყველა ნაყოსი სრულყოფილად აქვს მოსხმული, ეს იმას ნიშნავს, რომ იგი ყველაფერში სული წმინდის სურვილებს მიჰყვება. იმისათვის, რომ სული წმინდის სურვილებს გავყვეთ და სრულყოფილებაში ვიმოქმედოთ, ჩვენ უნდა ვფლობდეთ თავშეკავების ნაყოფს. ზუსტად ამიტომ ვამბობთ, რომ სული წმინდის ნაყოფები სრულყოფილდება თავშეკავების ნაყოფით.

მტკიცებულებები, რომ თავშეკავების ნაყოფი მოსხმულია

როდესაც გულში მოსხმილი სული წმინდის სხვა ნაყოფები გარედან არის გამოვლენილი, თავშეკავების ნაყოფი ხდება არბიტრაჟის ცენტრივით, რომელიც აძლევს ჰარმონიასა და წესრიგს. ჩვენ ვამბობთ, რომ რაღაც ზედმეტი უარესია რაიმე არასრულყოფილზე. სულშიც, ჩვენ ყველაფერი ზომიერების ფარგლებში უნდა გავაკეთოთ სული წმინდის სურვილებზე გაყოლით.

ახლა, ნება მომეცი განგიმარტო, თუ როგორ არის თავშეკავების ნაყოფი დეტალურად ნაჩვენები.

პირველი, ჩვენ ყველაფერში წესრიგს მივყვებით ან იერარქიას.

ჩვენი პოზიციის წესრიგში გაგებით, ჩვენ გავიგებთ, თუ როდის ვიმოქმედოთ და როდის არა და როდის უნდა ვთქვათ გარკვეული სიტყვები და როდის არა. შემდეგ, არ იქნება არავითარი კამათი, კინკლაობა ან გაუგებრობა. ასევე, ჩვენ არ ვაკეთებთ ისეთ რამეს, რაც შეუფერებელია ან

რაც ჩვენი პოზიციის ზღვარს სცდება. მაგალითად, ვთქვათ მისიონერების ჯგუფის ლიდერმა ადმინისტრატორს გარკვეული საქმის შესრულება სთხოვა. ადმინისტრატორი მთელი გატაცებით არის სავსე და გრძნობს, რომ მას უკეთესი იდეა აქვს, ამიტომ მან შეიცვალა რაღაცეები თავის შეხედულებისამებრ და შეასრულა სამუშაო. შემდეგ, მიუხედავად იმისა, რომ იგი დიდი მონდომებით მუშაობდა, მან არ დაიცვა თანმიმდევრობა და თავშეკავების ნაკლებობის გამო რაღაცეები შეცვალა.

ღმერთი დადებითან მიგვიჩნევს, როდესაც თანმიმდევრობას მივყვებით ეკლესიის მისიონერების ჯგუფში სხვადასხვა პოზიციების მიხედვით, როგორიც არის პრეზიდენტი, ვიცე პრეზიდენტი, ადმინისტრატორი, მდივანი ან ხაზინდარი. ჩვენი ლიდერები რაღაცეებს შეიძლება ჩვენგან განსხვავებულად აკეთებდნენ. შემდეგ, მიუხედავად იმისა, რომ ჩვენი გზა ბევრად უკეთესად გამოიყურება და შესაძლოა უფრო მეტი ნაყოფი მოსიხას, ჩვენ ვერ მოვისხამთ კარგ ნაყოფს, თუ კი წესრიგი და მშვიდობა დარღვეულია. სატანა ყოველთვის ჩარეულია, როდესაც სიმშვიდე ირღვევა და ღმერთის საქმის გაკეთებას ხელი ეშლება. თუ კი გარკვეული რამ სრულიად არაჭეშმარიტი არ არის, ჩვენ უნდა ვიფიქროთ მთელს ჯგუფზე და დავემორჩილოთ და მოვძებნოთ სიმშვიდე წესრიგის მიხედვით, რათა ყველაფერი ლამაზად შესრულდეს.

მეორე, ჩვენ შეგვიძლია განვიხილოთ შინაარსი, დრო, და ადგილმდებარეობა მაშინაც კი, როდესაც რაიმე კარგს ვაკეთებთ.

მაგალითად, ლოცვაში ტირილი კარგ რამ არის, მაგრამ თუ კი ჩვეულებრივ ადგილას დაიწყებ ტირილს

კეთილგონიერების გარეშე, ამან შეიძლება ღმერთი შეარცხვინოს. ასევე, როდესაც სახარებას ქადაგებ ან ეკლესიის წევრთან სტუმრად მიდიხარ სულიერი წინამძღოლობისთვის, შენ უნდა ამოარჩიო, თუ რა სიტყვებით უნდა ესაუბრო. მიუხედავად იმისა, რომ გესმის ღრმა სულიერი რაღაცეები, შენ არ შეგიძლია რომ უბრალოდ ყველას გაუზიარო. თუ კი ისეთ რაღაცას მიაწვდი, რაც მსმენელის რწმენის ზომას არ შეეფერება, მაშინ ამან შეიძლება წააბორძიკოს ეს ადამიანი.

ზოგ შემთხვევაში, ადამიანმა შეიძლება მიაწოდოს ადამიანებს, რომლებიც სხვა საქმეებით არიან დაკავებულები, ის რაც სულიერად გაიგო. მიუხედავად იმისა, რომ შინაარსი ძალიან კარგია, მას არ შეუძლია სხვებს ჭკუა დაარიგოს, თუ კი ეს შესაფერის სიტუაციაში არ მოხდება. მიუხედავად იმისა, რომ სხვები მას იმიტომ უსმენენ, რომ უხეშობაში არ ჩაეთვალოთ, არ შეუძლიათ ყურადღება მიაქციონ მათ დამოწმებას, რადგან დაკავებულები არიან და ნერვიულობენ. ნება მიბოძეთ სხვა მაგალითი მოვიყვანო. როდესაც მრევლი ან ადამიანების ჯგუფი ჩემთან შესახვედრათ მოდის რჩევისათვის, და თუ კი ერთი ადამიანი აგრძელებს თავისი ერთი მტკიცებულების თქმას, რა მოუვა ამ შეხვედრას? ეს ადამიანი ღმერთს იმიტომ ადიდებს, რომ სულითა და წყალობითაა სავსე. მაგრამ შედეგად, ეს ადამიანი პირადად იყენებს იმ მთელ დროს, რომელიც განაწილებულია მთელს ჯგუფზე. ეს ხდება თავშეკავების ნაკლებობის გამო. მიუხედავად იმისა, რომ ძალიან კარგ რამეს აკეთებ, შენ უნდა გაითვალისწინო ყველანაირი სიტუაცია და უნდა გქონდეს თავშეკავება.

მესამე, ჩვენ არა მოუთმენელნი ვართ, არამედ მშვიდები, ამიტომ შეგვიძლია ყოველ სიტუაციაში შესაბამისად მოვიქცეთ.

ადამიანები, რომლებსაც არ აქვთ თავშეკავება, არიან მოუთმენელნი და სხვების სიტუაციის გათვალისწინების ნაკლებობა აქვთ. როდესაც ჩქარობენ, მათ უფრო ნაკლები გამჭრიახობის უნარი აქვთ და შეიძლება რაიმე მნიშვნელოვანი გამოტოვონ. ისინი ნაჩქარევად კიცხავენ და გამოაქვთ განაჩენი, რომელიც ხალხში იწვევს დისკომფორტს. ის ადამიანები, რომლებიც მოუთმენელნი არიან, როდესაც სხვებს უსმენენ ან პასუხობენ, მრავალ შეცდომას უშვებენ. ჩვენ მოუთმენლად არ უნდა შევუშალოთ ხელი, როდესაც სხვა საუბრობს. ჩვენ ყურადღებით უნდა მოვუსმინოთ ბოლომდე, რათა ნაჩქარევ დასკვნას თავი ავარიდოთ. გარდა ამისა, ამ გზით ჩვენ შეგვიძლია გავიგოთ იმ ადამიანის განზრახვა და რეაგირება შესაბამისად მოვახდინოთ.

სანამ სული წმინდას მიიღებდა, პეტრე მოუთმენელი იყო. იგი იესოს წინ დიდი ძალისხმევით ცდილობდა თავის გაკონტროლებას, მაგრამ მისი ხასიათები ვლინდებოდა. როდესაც იესომ პეტრეს უთხრა, რომ ჯვარცმამდე მას უარჰყოფდა, პეტრემ დაუყოვნებლივ უარჰყო იესოს ნათქვამი და თქვა, რომ არასოდეს უარჰყოფდა უფალს.

პეტრეს თავშეკავების ნაყოფი რომ ჰქონოდა, იგი უბრალოდ შეეწინააღმდეგებოდა იესოს, მაგრამ ეცდებოდა სწორი რეაქციის მოძებნას. რომ ცოდნოდა, რომ იესო ღმერთის ძე იყო და იგი არასოდეს იტყოდა უაზრო რამეს, მას იესოს ნათქვამი გონებაში უნდა შეენახა. ამის გაკეთებით, იგი საკმარისად ფრთხილი იქნებოდა, რომ ეს არ მომხდარიყო. სათანადო გამჭრიახობა, რომელიც საშუალებას გვაძლევს შესაბამისად მოვახდინოთ რეაგირება, მოდის თავშეკავებიდან.

ებრაელები ძალიან ამაყობდნენ საკუთარი თავით. ისინი იმდენად ამაყობდნენ, რომ ღმერთის რჯულს მკაცრად იცავდნენ. და როდესაც იესომ ფარისევლებს და

სედუკეველებს საყვედური გამოუცხადა, რომლებიც პოლიტიკური და რელიგიური ლიდერები იყვნენ, მათ არ შეეძლოთ მის მიმართ კეთილმოსურნე გრძნობები ჰქონოდათ. განსაკუთრებით, როდესაც იესომ თქვა, რომ ღმერთის ძე იყო, მათ ეს ღვთისგმობად მიიღეს. იმ დროს კარვობის დღესასწაული უახლოვდებოდა. დაახლოებით მოსავლის აღების დროს, მათ გაშალეს კარვები, რათა გამოსვლის დრო გაეხსენებინათ და ღმერთისთვის მადლობა გადაეხადათ. ხალხი ჩვეულებრივ იერუსალიმში მიდიოდა დღესასწაულის აღსანიშნავად.

მაგრამ იესო არ მიდიოდა იერუსალიმში, მიუხედავად იმისა, რომ დღესასწაული ახლოვდებოდა და მისმა ძმებმა მოუწოდეს რომ იერუსალიმში წასულიყო, სასწაულები ეჩვენებინა და საკუთარი თავი გაემოვლინა, რათა ხალხის მხარდაჭერა მოეპოვებინა (იოანე 7:3-5). მათ თქვეს, „ვინაიდან ფარულად არავინ აკეთებს რამეს, არამედ თავის გამოჩენას ცდილობს" (სტროფი 4). მიუხედავად იმისა, რომ როგორც ჩანს რაღაც გონივრული იყო ამ ნათქვამში, ამას არაფერი ესაქმება ღმერთთან, თუ კი ეს მისი ნების თანახმად არ არის. მათი საკუთარი აზრების გამო, იესოს ძმებმაც კი იფიქრეს, რომ სწორი არ იყო, როდესაც იესო თავის დროს მშვიდად ელოდებოდა.

იესოს თავშეკავება რომ არ ჰქონოდა, იგი დაუყოვნებლივ იერუსალიმში წავიდოდა საკუთარი თავის გამოვლენისთვის. მაგრამ მასზე ზეგავლენა არ მოუხდენია ძმების ნათქვამს. იგი მხოლოდ ელოდებოდა სათანადო დროს და ღმერთის განგების გამოვლენას. და შემდეგ იგი იერუსალიმში ხალხის შეუმჩნევლად წავიდა. იგი მოიქცა ღმერთის ნების თანახმად, ზუსტად იცოდა, თუ როდის უნდა წასულიყო და როდის უნდა დარჩენილიყო.

თუ კი გსურს, რომ თავშეკავების ნაყოფი მოისხა

როდესაც სხვებთან ვსაუბრობთ, ხშირად მათი სიტყვები და შიდა გული განსხვავდება. ზოგი ცდილობს სხვების ნაკლოვანებების გამომჟღავნებას, რათა საკუთარი დამალონ. მათ შეიძლება რაიმე ითხოვონ თავიანთი გაუმაძღრობის დასაკმაყოფილებლად, მაგრამ ამას ისე ითხოვენ, რომ თითქოს სხვისთვის აკეთებენო. ისინი თითქოს კითხვას სვამენ, რათა ღმერთის ნება გაიგონ, მაგრამ სინამდვილეში ცდილობენ ის პასუხი მიიღონ, რაც მათ სურთ. მაგრამ თუ კი მშვიდად დაელაპარაკები მათ, ჩვენ ვხედავთ, რომ მათი გულები საბოლოოდ მჟღავნდება.

ადამიანები, რომლებსაც თავშეკავება აქვთ, ადვილად არ შეირყევიან სხვა ადამიანების სიტყვებით. მათ შეუძლიათ სხვებს მშვიდად მოუსმინონ და განასხვავონ ჭეშმარიტება სული წმინდის სამუშაოებით. თუ კი თავშეკავებით განასხვავებენ და უპასუხებენ, მათ შეუძლიათ მრავალი შეცდომის შემცირება, რომლებიც შეიძლება გამოწვეულ იქნას არასწორი გადაწყვეტილებების გამო. ამ თვალსაზრისით, მათ ექნებათ ძალაუფლება და მათ სიტყვებს კი წონა, ამიტომ მათი სიტყვები სხვებზე უფრო დიდ ზეგავლენას მოახდენენ. მაშინ, როგორ უნდა მოვისხათ ეს მნიშვნელოვანი თავშეკავების ნაყოფი?

პირველი, ჩვენ უნდა გვქონდეს უცვლელი გულები.

ჩვენ უნდა გავაშენოთ ჭეშმარიტი გულები, რომელშიც არ არსებობს სიცრუე ან ეშმაკობა. შემდეგ შეგვიძლია გვქონდეს ძალა, რომ გავაკეთოთ ის, რის გაკეთებასაც გადავწყვეტთ. რა თქმა უნდა, ჩვენ არ შეგვიძლია ასეთი გულის ერთ ღამეში გაშენება. ჩვენ ყოველთვის უნდა ვავარჯიშოთ ჩვენი თავები.

იყო ერთი უფრო და მისი შეგირდები. ერთ დღეს ისინი

ბაზარზე გადადიოდნენ და ვაჭრებს გაუგებრობა ჰქონდათ მათ შესახებ და დაუწყეს კამათი. მოწაფეები განრისხდნენ და ჩაერთნენ კამათში, მაგრამ უფროსი მშვიდად იყო. ბაზრიდან მოსვლის შემდეგ, მან კარადიდან გამოიღო წერილების შეკვრა. წერილებში იყო შინაარსი, რომელიც მას უსაფუძვლოდ აკრიტიკებდა და ეს თავის მოწაფეებს აჩვენა.

შემდეგ თქვა, „მე არ შემიძლია თავი ავარიდო ჩემზე გაუგებრობას. მაგრამ არ მაინტერესებს სხვების აზრი. მე თავს ვერ ვარიდებ იმ პირველ სიბინძურეს, რომელიც ჩემზე მოდის, მაგრამ შემიძლია თავი მეორე სიბინძურის მიღებას ავარიდო."

აქ, პირველი სიბინძურე არის ხალხის ჭორაობის ობიექტად გახდომა. მეორე სიბინძურე არის არაკომფორტული გრძნობების ქონა და კამათში და კინკლაობაში ჩარევა ასეთი ჭორების გამო.

თუ კი შეგვიძლია გვქონდეს გული, რომელიც ამ უფროსს ჰქონდა, ჩვენ ვერანაირი სიტუაცია ვერ დაგვაკლებს ვერაფერს. მაგრამ პირიქით, ჩვენ შევძლებთ ჩვენი გულების შენახვას და ჩვენი ცხოვრებაც მშვიდობიანი იქნება. ადამიანები, რომლებსაც თავიანთი გულების შენახვა შეუძლიათ, მათ თავის გაკონტროლება ყველაფერში შეუძლიათ. იმდენად, რამდენადაც ყველანაირ ბოროტებას განვდევნით, ღმერთი შეგვიყვარებს და ნდობა ექნება ჩვენში.

ის, რაც ბავშვობაში ჩემმა მშობლებმა მასწავლეს, ძალიან დამეხმარა ჩემს პასტორალურ სამსახურში. როდესაც მასწავლიდნენ მანერებს და ქცევებს, მე ვისწავლე ჩემი გულის შენახვა და თავის გაკონტროლება. როდესაც რაიმეს გადავწყვეტთ, ჩვენ ეს უნდა შევინარჩუნოთ და არ უნდა შევცვალოთ საკუთარი სარგებლის გამო. როდესაც ასეთ ძალისხმევებს დავაგროვებთ, ჩვენ საბოლოოდ

გვექნება უცვლელი გული და მოვიპოვებთ თავშეკავების ძალას.

შემდეგი, ჩვენ საკუთარი თავები უნდა ვავარჯიშოთ, რომ შევისმინოთ სული წმინდის სურვილები პირველ რიგში საკუთარი აზრის მხედველობაში მიღების გარეშე.

რაც უფრო მეტად ვისწავლით ღმერთის სიტყვას, მით უფრო მეტად მოგვცემს სული წმინდა თავისი ხმის გაგების საშუალებას. მაშინაც კი, როდესაც უკანონოდ გვაბრალებენ რაიმეს, სული წმინდა გვეუბნება, რომ მათ უნდა მივუტევოთ და რომ უნდა გვიყვარდეს. შემდეგ ჩვენ ვფიქრობთ, „ამ ადამიანს ალბათ აქვს მიზეზი იმის გაკეთების, რასაც აკეთებს. მე ვეცდები გავუშვა მისი გაუგებრობა მეგობრულად საუბრით." მაგრამ თუ კი ჩვენს გულებს უფრო მეტი არაჭეშმარიტება აქვთ, ჩვენ ჯერ სატანის ხმას გავიგებთ. „თუ კი მას თავს დავანებებ, იგი გააგრძელებს ჩემზე ზემოდან ყურებას. მე მას ჭკუა უნდა ვასწავლო." მაშინაც კი, თუ სული წმინდის ხმას გავიგებთ, ჩვენ ეს გამოგვრჩება, რადგან ძალიან სუსტია ბოროტ აზრებთან შედარებით.

ამგვარად, ჩვენ სული წმინდის ხმის გაგება მაშინ შეგვიძლია, როდესაც ბეჯითად განვდევნით იმ არაჭეშმარიტებას, რომელიც ჩვენს გულებშია და გულში შევინახავთ ღმერთის სიტყვას. ჩვენ შევძლებთ კიდევ უფრო კარგად გავიგოთ სული წმინდის ხმა, როდესაც დავემორჩილებით მის სუსტ ხმასაც კი. ჩვენ უნდა ვეცადოთ, რომ პირველ რიგში სული წმინდის ხმა გავიგოთ, და ჩვენს თავს არ უნდა მოვუსმინოთ. შემდეგ, როდესაც მის ხმას გავიგებთ და მის დაჟინებას მივიღებთ, ჩვენ უნდა დავემორჩილოთ მას და უნდა განვახორციელოთ. როდესაც

საკუთარ თავებს ვავარჯიშებთ, რათა ყოველთვის სული წმინდის სურვილებს დავემორჩილოთ, ჩვენ შევძლებთ სული წმინდის გულის შეღონების ხმაც კი განვასხვავოთ. შემდეგ ჩვენ ყველაფერში ჰარმონია გვექნება.

ამ თვალსაზრისით, შეიძლება ისე ჩანდეს, რომ თითქოს თავშეკავებას სული წმინდის ცხრა ნაყოფებიდან ყველაზე ნაკლებად თვალსაჩინო თვისება აქვს. თუმცა, ეს საჭიროა სხვადასხვა ნაყოფების ყველა არეში. თავშეკავებაა, რომელიც აკონტროლებს სული წმინდის ყველა რვა ნაყოფს: სიყვარული, სიხარული, მშვიდობა, დიდსულოვნება, სიტკბოება, სიკეთე, რწმენა და თვინიერება. გარდა ამისა, ყველა რვა ნაყოფი სრულყოფილი ხდება მხოლოდ თავშეკავებით და ამ მიზეზის გამო ბოლო თავშეკავების ნაყოფი მნიშვნელოვანია.

სული წმინდის თითოეული ეს ნაყოფი უფრო ძვირფასი და ლამაზია, ვიდრე ამ სამყაროში არსებული ნებისმიერი ძვირფასი ქვა. ჩვენ შეგვიძლია ყველაფერი მივიღოთ რასაც ლოცვაში ვითხოვთ და წარმატებულნი ვიყოთ ყველაფერში, თუ კი სული წმინდის ნაყოფებს მოვისხამთ. ჩვენ ასევე შეგვიძლია გამოვავლინოთ ღმერთის დიდება ამ სამყაროში სინათლის ძალის გამომჟღავნებით. მე იმედი მაქვს, რომ უფრო მეტად დაეუფლები სული წმინდის ნაყოფებს, ვიდრე ამ სამყაროს ნებისმიერ განძეულობას.

გალათელთა 5:22-23

„ხოლო სულის ნაყოფია:

სიყვარული, სიხარული, მშვიდობა, დიდსულოვნება,

სიტკბოება, სიკეთე, რწმენა, თვინიერება, თავშეკავება;

ამათ წინააღმდეგ არ არის რჯული.

თავი 11

ამათ წინააღმდეგ არ არის რჯული

რადგან შენ გათავისუფლდი
სულით სიარული
ცხრა ნაყოფის პირველი ნაყოფი არის სიყვარული
ამათ წინააღმდეგ არ არის რჯული

ამათ წინააღმდეგ არ არის რჯული

პავლე მოციქული ებრაელთა ებრაელი იყო და დამასკოში მიდიოდა ქრისტიანების დასაჭერად. თუმცა, გზაზე იგი შეხვდა უფალს და მოინანია. მან ვერ გააცნობიერა სახარების ჭეშმარიტება, რომელშიც ადამიანის გადარჩენა ხდება იესო ქრისტეში რწმენით, მაგრამ სული წმინდის ნიჭის მიღების შემდეგ, იგი წარმართების სახარების ქადაგებას უძღვებოდა სული წმინდის წინამძღოლობით.

სული წმინდის ცხრა ნაყოფი ჩაწერილია გალათელთა წიგნის მეხუთე თავში, რომელიც მისი ერთ-ერთი ეპისტოლეა. თუ კი იმ დროის სიტუაციას გავიგებთ, ჩვენ ასევე გავიგებთ იმის მიზეზს, თუ რატომ დაწერა პავლემ გალათელთა წიგნი და თუ როგორი მნიშვნელოვანია ქრისტიანებისთვის სულის ნაყოფის მოსხმა.

რადგან შენ გათავისუფლდი

პავლეს პირველი მისიონერული მოგზაურობა იყო გალათიაში. სინაგოგასთან, მას არ უქადაგია მოსეს რჯული და წინ დაცვეთა, მან იქადაგა იესო ქრისტეს სახარება. მისი სიტყვები მომდევნო სასწაულებმა და ნიშნებმა დაადასტურეს და ხალხმა ხსნა მიიღო. გალათიის ეკლესიაში მორწმუნეებს იგი იმდენად უყვარდათ, რომ შესაძლებელი რომ ყოფილიყო, თვალებს დაითხრიდნენ და პავლეს მისცემდნენ.

პავლეს მოგზაურობის დასრულების და ანტიოქიაში დაბრუნების შემდეგ, ეკლესიასი პრობლემა წამოიჭრა. ხალხი იუდეადან მოვიდა და ასწავლეს, რომ წარმართებს წინ უნდა დაეცვეთათ ხსნის მისაღებად. პავლეს და ბარნაბას დიდი უთანხმოება და კამათი ჰქონდათ მათთან.

ძმაბიჭებმა გადაწყვიტეს, რომ პავლე და ბარნაბასი და კიდევ რამდენიმე სხვა ადამიანი იერუსალიმში უნდა მისულიყვნენ მოციქულებთან და უხუცესებთან ამ საქმესთან დაკავშირებით. მათ ესაჭიროებოდათ მოსეს

რჯულის დასკვნა, როდესაც სახარებას ქადაგებდნენ წარმართებისთვის გალათიის და ანტიოქიას ეკლესიაში.

საქმე 15 აღწერს სიტუაციას იერუსალიმის საბჭომდე და საბჭოს შემდეგ, და აქედან ჩვენ ვასკვნით, თუ როგორი სერიოზული იყო სიტუაცია იმ დროს. მოციქულები, რომლებიც იესოს მოწაფეები იყვნენ და უხუცესები და ეკლესიის წარმომადგენლები შეიკრიბნენ და განხილვა დაიწყეს და დაასკვნეს, რომ წარმართებს თავი უნდა შეეკავებინათ ისეთი რაღაცეებისგან, რაც კერპებით იყო დაბინძურებული და ასევე არაკანონიერი თანაცხოვრებისგან და იმისგან, რაც დახრჩობილი იყო და რაც სისხლისგან იყო.

მათ ხალხი ანტიოქიაში გააგზავნეს, რათა ოფიციალური წერილი მიეტანათ, სადაც ეწერა ასბჭოს დასკვნის შესახებ, რადგან ანტიოქია წარმართების სახარების ქადაგების ცენტრალური ადგილი იყო. მათ მცირედი თავისუფლება მისცეს წარმართებს მოსეს რჯულის შენახვაში, რადგან მათთვის მეტად რთული იქნებოდა რჯულის ებრაელებივით დაცვა. ამ გზით, ნებისმიერ წარმართს შეეძლო ხსნის მიღება იესო ქრისტეს რწმენით.

საქმე 15:28-29 ამბობს, „ვინაიდან მართებულად მიიჩნია სულმა წმიდამ და ჩვენც, რომ არ აგკიდოთ ზედმეტი ტვირთი, გარდა იმისა, რაც აუცილებელია: ეკრძალეთ ნაკერპალსა და სისხლს, დამხრჩვალს და სიძვას. თუ ამათგან მოიზღუდავთ თავს, კარგს იზამთ. იცოცხლეთ!“

იერუსალიმის საბჭოს დასკვნა გაიგზავნა ეკლესიებში, მაგრამ ადამიანებმა, რომლებმაც ვერ გაიგეს სახარების ჭეშმარიტება და ჯვრის გზა, განაგრძეს ეკლესიებში იმის სწავლება, რომ მორწმუნეებს მოსეს რჯული უნდა დაეცვათ. ასევე ზოგი არაჭეშმარიტი წინასწარმეტყველი შევიდა ეკლესიაში და ააღელვა მორწმუნეები პავლე მოციქულის გაკრიტიკებით, რომელიც არ ასწავლიდა რჯულს.

როდესაც გალათიის ეკლესიაში ასეთი რამ მოხდა, პავლე მოციქულმა ხალხს თავის წერილში ქრისტიანების

ჭეშმარიტ თავისუფლებაზე უთხრა. ამბობდა, რომ მოსეს რჯულს მკაცრად იცავდა, მაგრამ უფალთან შეხვედრის შემდეგ გახდა წარმართების მოციქული, იგი მათ ასწავლიდა სახარების ჭეშმარიტებას და ეუბნებოდა, „მხოლოდ ეს მინდა ვიცოდე თქვენგან: რჯულის საქმეთაგან მიიღეთ სული თუ რწმენის შესმენით? ნუთუ იმდენად უგუნურნი ხართ, რომ სულით დაიწყეთ და ხორცით კი ამთავრებთ? ნუთუ ამაოდ დაითმინეთ ამდენი რამე? ოჰ, ნეტა მხოლოდ ამაოდ! ვინც სულს გაძლევთ და სასწაულებს ახდენს თქვენს შორის, რჯულის საქმეებით ახდენს ამას თუ რწმენის შესმენით?" (გალათელთა 3:2-5)

იგი აცხადებდა, რომ იესო ქრისტეს სახარება, რომელსაც იგი ასწავლიდა, არის ჭეშმარიტება, რადგან ეს იყო ზეშთაგონება ღმერთისგან, და მიზეზი იმისა, თუ რატომ არ უნდა დაეცვეთათ წინ თავიანთი სხეულები წარმართებს, რადგან მნიშვნელოვანი რამ იყო მათი გულის წინ დაცვეთა. მან ასევე ასწავლა მათ ხორცის სურვილების და სული წმინდის სურვილების, და ხორცის ქმედებების და სული წმინდის ქმედებების შესახებ. ეს იმიტომ, რომ მას სურდა მათთვის გაეგებინებინა, თუ როგორ უნდა გამოეყენებინათ ის თავისუფლება, რომელიც სახარების ჭეშმარიტებით მიიღეს.

სულით სიარული

მაშინ, რა არის იმის მიზეზი, რომ ღმერთმა მოსეს რჯული მოგვცა? ეს იმიტომ მოხდა, რომ ხალხი ბოროტი იყო და ისინი ცოდვებს ცოდვებად არ თვლიდნენ. ღმერთმა მათ საშუალება მისცა გაეგოთ ცოდვის შესახებ და ცოდვის პრობლემები მოეგვარებინათ და ღმერთის სამართლიანობისკენ მიეღწიათ. მაგრამ ცოდვების პრობლემის მოგვარება რჯულის ქმედებებით სრულყოფილად არ შეიძლება, და ამ მიზეზის გამო ღმერთმა საშუალება მისცა ხალხს იესო ქრისტეს რწმენით

ღმერთის სამართლიანობისათვის მიეღწიათ. გალათელთა 3:13-14-ში წერია, „ქრისტემ გამოგვისყიდა რჯულის წყევლისაგან და თვითონ დაიწყევლა ჩვენთვის: რადგანაც დაწერილია: „წყეულია ყველა, ვინც ჰკიდია ძელზე", რათა აბრაამის კურთხევა იესო ქრისტეს მეოხებით გავრცელდეს წარმართებზედაც და, ამრიგად, მივიღოთ აღთქმა სულისა რწმენით."

მაგრამ ეს იმას არ ნიშნავს, რომ რჯული გაუქმებული იყო. იესომ თქვა მათე 5:17-ში, „ნუ გგონიათ, თითქოს მოვედი რჯულის, გინდა წინასწარმეტყველთა გასაუქმებლად. გასაუქმებლად კი არ მოვედი, არამედ აღსასრულებლად," და შემდეგ თქვა მეოცე სტროფში, „რადგანაც გეუბნებით თქვენ: თუკი თქვენი სიმართლე არ აღემატა მწიგნობართა და ფარისეველთა სიმართლეს, ვერ შეხვალთ ცათა სასუფეველში."

პავლე მოციქულმა მორწმუნეებს უთხრა, „შვილნო ჩემნო, რომელთათვისაც კვლავაც მშობიარობის სალმობით მელმის, ვიდრე თქვენში გამოისახებოდეს ქრისტე" (გალათელთა 4:19), და ბოლოს ურჩია მათ, „ხოლო თქვენ, ძმანო, თავისუფლებისთვისა ხართ ხმობილნი, მაგრამ ხორციელ განცხრომას ნუ მოახმართ თავისუფლებას, არამედ სიყვარულით ემსახურეთ ერთმანეთს. რადგანაც მთელ რჯულს ეს ერთი მცნება მოიცავს: „გიყვარდეს მოყვასი შენი, ვითარცა თავი შენი." მაგრამ თუ ერთიმეორეს კბენთ და ჭამთ, ფრთხილად იყავით: შეიძლება სულაც ამოჭამოთ ერთმანეთი" (გალათელთა 5:13-15).

როგორც ღმერთის შვილები, რომლებსაც სული წმინდა აქვთ მიღებული, რა უნდა გავაკეთოთ იმისათვის, რომ ერთმანეთს სიყვარულით ვემსახუროთ სანამ ჩვენში ქრისტე ჩამოყალიბდება? ჩვენ უნდა ვიაროთ სული წმინდით, რათა ხორცის სურვილებს არ გავყვეთ. ჩვენ შეგვიძლია გვიყვარდეს ჩვენი მეზობლები და გვქონდეს ქრისტეს ფორმა, თუ კი სული წმინდის ცხრა ნაყოფს მოვისხამთ მისი წინამძღოლობით.

იესო ქრისტემ მიიღო რჯულის წყევლა და მოკვდა ჯვარზე, მიუხედავად იმისა, რომ უდანაშაულო იყო და ამით ჩვენ თავისუფლება მოვიპოვეთ. იმისათვის, რომ კიდევ ერთხელ არ გავხდეთ ცოდვების მონები, ჩვენ სულის ნაყოფი უნდა მოვისხათ.

თუ კი ამ თავისუფლებით ისევ ცოდვას ჩავიდენთ და უფლას კიდევ ერთხელ ჯვარს ვაცვამთ ხორცის საქმიანობების ჩადენით, ჩვენ მემკვიდრეობით ვერ მივიღებთ ღმერთის სამეფოს. და პირიქით, თუ კი სულის ნაყოფს მოვისხამთ, ღმერთი დაგვიცავს, რათა ეშმაკმა ზიანი ვერ მოგვაყენოს. გარდა ამისა, ჩვენ ნებისმიერ რამეს მივიღებთ, რასაც ლოცვაში ვითხოვთ.

„საყვარელნო, თუ ჩვენი გული არა გვგმობს, პირნათელნი ვართ ღვთის წინაშე. ამიტომ, რასაც ვითხოვთ, მივიღებთ მისგან, ვინაიდან ვიმარხავთ მის მცნებებს და ისე ვიქცევით, როგორც მას მოსწონს. „მისი მცნება კი ისაა, რომ გვწამდეს მისი ძის იესო ქრისტეს სახელით და, როგორც გვამცნო, გვიყვარდეს ერთმანეთი“ (1 იოანე 3:21-23).

„ვიცით, რომ ღვთის მიერ შობილთაგან არავინ სცოდავს, რადგანაც ღვთის მხოლოდშობილი ძე იცავს და ბოროტი ვერ ეხება მას“ (1 იოანე 5:18).

ჩვენ შეგვიძლია სულის ნაყოფის მოსხმა და ჭეშმარიტი თავისუფლებით სიამოვნება, როდესაც გვაქვს რწმენა, რომ ვიაროთ სულშ და რწმენა, რომელიც სიყვარულით მუშაობს.

ცხრა ნაყოფის პირველი ნაყოფი არის სიყვარული

სულის ცხრა ნაყოფის პირველი ნაყოფი არის სიყვარული. სიყვარული, როგორც 1 კორინთელთა 13-ში, არის სიყვარული სულიერი სიყვარულის გასაშენებლად, როდესაც სიყვარული, რომელიც სული წმინდის ერთ-ერთი

ნაყოფია, არის უფრო მაღალ დონეზე; ეს არის უსაზღვრო და დაუსრულებელი სიყვარული, რომელიც ასრულებს რჯულს. ეს არის ღმერთის და იესო ქრისტეს სიყვარული. თუ კი ეს სიყვარული გვაქვს, ჩვენ შეგვიძლია მთლიანად გავწიროთ საკუთარი თავები სული წმინდის დახმარებით.

ჩვენ სიხარულის ნაყოფის მოსხმა იმდენად შეგვიძლია, რომ ამ სიყვარულს ვაშენებთ, რათა ვისიამოვნოთ და ბედნიერები ვიყოთ ნებისმიერ სიტუაციაში. ამ გზით, ჩვენ არავისთან არ გვექნება პრობლემები, ამიტომ მშვიდობის ნაყოფს მოვისხამთ.

როდესაც სიმშვიდეს შევინარჩუნებთ ღმერთთან, ჩვენ თავებთან და სხვებთან, ჩვენ ბუნებრივად მოვისხამთ მოთმინების ნაყოფს. მოთმინება, რომელიც ღმერთს სურს არის ის, რომ ჩვენ არაფრის ატანა არ უნდა მოგვიწიოს, რადგან სრულყოფილი სიკეთე და ჭეშმარიტება გვაქვს ჩვენში. თუ კი ჭეშმარიტი სიყვარული გვაქვს, ჩვენ შეგვიძლია ნებისმიერი ტიპის ადამიანს გავუგოთ და მივიღოთ ბოროტი გრძნობების გარეშე. ამგვარად, ჩვენს გულში არ მოგვიწევს ადამიანის მიტევება ან ატანა.

როდესაც სიკეთეში სხვების მომთმენნი ვართ, ჩვენ მოვისხამთ სიტკბოების ნაყოფს. თუ კი სიკეთეში მომთმენნი ვართ ისეთ ადამიანებთანაც კი, რომლებსაც ვერ ვუგებთ, მაშინ ჩვენ შეგვიძლია მათ სიკეთე ვაჩვენოთ. მაშინაც კი, როდესაც ისეთ რაღაცას აკეთებენ, რაც სრულიად ნორმის გარეთ არის, ჩვენ გავიგებთ მათ შეხედულებებს და მივიღებთ მათ.

ადამიანებს, რომლებიც სიტკბოების ნაყოფს ისხამენ, ასევე აქვთ სიკეთე. ისინი გაითვალისწინებენ სხვების აზრს თავისაზე მეტად. ისინი არ კამათობენ არავისთან, და არასოდეს აუწევენ ხმას. მათ ექნებათ უფლის გული, რომელიც არ გადატეხს მოტეხილ ლერწამს და არ დაშრეტს მბჟუტავ პატრუქს. თუ კი სიკეთის ასეთ ნაყოფს მოისხამ, შენ არ დაიჟინებ შენს აზრებს. შენ უბრალოდ ერთგული იქნები ღმერთის ყველა სახლში და ასევე იქნები მშვიდი.

ადამიანები, რომლებიც მშვიდები არიან, არ გახდებიან სხვებისთვის შებრკოლების ლოდი და ყველასთან შეეძლებათ სიმშვიდე ჰქონდეთ. ისინი ფლობელ სულგრძელ გულს, რათა არ გაკიცხონ სხვები, და მხოლოდ უგებენ და იღებენ სხვებს.

სული წმინდის ნაყოფების მოსასხმელად, უნდა არსებობდეს თავშეკავება. ღმერთში სიუხვე კარგია, მაგრამ ღმერთის საქმე წესის და მიხედვით უნდა შესრულდეს. ჩვენ თავშეკავება იმისთვის გვჭირდება, რომ რაიმე გადამეტებით არ გავაკეთოთ. როდესაც ამ გზით სული წმინდის ნებას გავყვებით, ღმერთი ყველას საშუალებას მისცემს ერთად იმუშაონ სიკეთისთვის.

ამათ წინააღმდეგ არ არის რჯული

ნუგეშისმცემელი, სული წმინდა ღმერთის შვილებს ჭეშმარიტებისკენ უძღვება, რათა ჭეშმარიტი თავისუფლებითა და ბედნიერებით ისიამოვნონ. ჭეშმარიტი თავისუფლება არის ცოდვებისგან და სატანის ძალისგან გათავისუფლება, რომელიც ცდილობს შეგვაჩეროს ღმერთის მომსახურებისგან და ბედნიერი სიცოცხლით სიამოვნებისგან.

როგორც რომაელთა 8:2-ში წერია, „რადგანაც სიცოცხლის სულის რჯულმა ქრისტე იესოში ცოდვისა და სიკვდილის რჯულისაგან გამათავისუფლა მე," ეს არის თავისუფლება, რომლის მიღებაც შესაძლებელია მხოლოდ მაშინ, როდესაც იესო ქრისტესი გვწამს და ნათელში დავდივართ. ამ თავისუფლების მიღწევა ადამიანის ძალით შეუძლებელია. ამის მიღება ღმერთის წყალობის გარეშე ვერასოდეს მოხდება და ეს არის კურთხევა, რომლითაც შეგვიძლია განუწყვეტლივ ვისიამოვნოთ, თუ კი რწმენას შევინარჩუნებთ.

იესომ ასევე თქვა იოანე 8:32, „...შეიცნობთ ჭეშმარიტებას და ჭეშმარიტება გაგათავისუფლებთ თქვენ." თავისუფლება

არის ჭეშმარიტება და არის უცვლელი. ეს ჩვენთვის სიცოცხლე ხდება და წინ გვიძღვება საუკუნო სიცოცხლისაკენ. არ არსებობს ჭეშმარიტება ამ მომაკვდავ და ცვალებად სამყაროში; მხოლოდ ღმერთის უცვლელი სიტყვაა ჭეშმარიტება. ჭეშმარიტების ცოდნა არის ღმერთის სიტყვის სწავლა, მისი გონებაში შენახვა და შემდეგ განხორციელება.

მაგრამ ჭეშმარიტების განხორციელება შეიძლება ყოველთვის ადვილი არ იყო. ადამიანებს აქვთ არაჭეშმარიტება, რომელიც იქამდე ისწავლეს, სანამ ღმერთის შესახებ გაიგებდნენ და ასეთი არაჭეშმარიტებები ხელს უშლის მათ ჭეშმარიტების განხორციელებაში. ხორცის რჯული, რომელსაც სურს არაჭეშმარიტებას მიჰყვეს და სიცოცხლის სულის რჯული, რომელსაც სურს ჭეშმარიტებას მიჰყვეს, შეებრძოლებიან ერთმანეთს (გალათელთა 5:17). ეს არის ომი ჭეშმარიტების თავისუფლების მისაღებად. ეს ომი მანამ გაგრძელდება, სანამ ჩვენი რწმენა განმტკიცდება და დავდგებით რწმენის კლდეზე, რომელიც არასოდეს ირყევა.

როდესაც რწმენის კლდეზე დავდგებით, ვგრძნობთ, რომ უფრო ადვილია კარგ ბრძოლაში ბრძოლა. როდესაც ყველა ბოროტებას განვდევნით და განვიწმინდებით, მაშინ შევძლებთ ჭეშმარიტების თავისუფლებით სიამოვნებას. ჩვენ აღარ მოგვიწევს კარგ ბრძოლაში ბრძოლა, რადგან ყოველთვის მხოლოდ ჭეშმარიტებას განვახორციელებთ. თუ კი სული წმინდის ნაყოფებს მოვისხამთ მისი წინამძღოლობით, ვერავინ შეგვაჩერებს ჭეშმარიტების თავისუფლების დაუფლებისგან.

ზუსტად ამიტომ გალათელთა 5:18-ში წერია, „თუ სულით იარებით, რჯულის ქვეშ აღარა ხართ," და შემდეგ სტროფებში (22:23) ვკითხულობთ, „ხოლო სულის ნაყოფია: სიყვარული, სიხარული, მშვიდობა, დიდსულოვნება, სიტკბოება, სიკეთე, რწმენა, თვინიერება, თავშეკავება; ამათ წინააღმდეგ არ არის რჯული."

სული წმინდის ცხრა ნაყოფზე მოწოდება, არის

გასაღებივით, კურთხევების კარიბჭის გასაღებად. მაგრამ მხოლოდ იმიტომ, რომ კურთხევების კარიბჭის გასაღები გვაქვს, ის თვითონ არ გაიღება. ჩვენ გასაღები უნდა შევარჭოთ კარებში და გავაღოთ და იგივე ეხება ღმერთის სიტყვას. არ აქვს მნიშვნელობა თუ რამდენი გვესმის, ეს სრულყოფილად ჩვენი ჯერ არ არის. ჩვენ იმ კურთხევების მიღება, რომლებიც ღმერთის სიტყვაშია, მხოლოდ მაშინ შეგვიძლია, როდესაც მას განვახორციელებთ.

მათე 7:21 ამბობს, „ვინც მეუბნება: უფალო, უფალო! ყველა როდი შევა ცათა სასუფეველში, არამედ ის, ვინც აღასრულებს ჩემი ზეციერი მამის ნებას." იაკობი 1:25-ში წერია, „მაგრამ ვინც გულმოდგინედ აკვირდება თავისუფლების სრულყოფილ რჯულს და კიდევაც მკვიდრდება მასში, არა როგორც გულმავიწყი მსმენელი, არამედ საქმის აღმსრულებელი, ნეტარია თავისი მოქმედებით."

იმისათვის, რომ ღმერთის სიყვარული და კურთხევები მივიღოთ, მნიშვნელოვანია გავიგოთ, თუ რა არის სული წმინდის ნაყოფები, ჩავიბეჭდოთ ჩვენს გონებაში და შემდეგ მოვისხათ ეს ნაყოფები ღმერთის სიტყვის განხორციელებით. თუ კი სული წმინდის ნაყოფებს სრულყოფილად მოვისხამთ ჭეშმარიტების განხორციელებით, ჩვენ ჭეშმარიტებაში თავისუფლებით ვისიამოვნებთ. ჩვენ ნათლად გავიგონებთ სული წმინდის ხმას და წარგვიძღვება ყველაზე გზაზე, რათა სულ წარმატებულები ვიყოთ. მე ვლოცულობ უფლის სახელით, რომ შენ დიდებული პატივით ისიამოვნებ დედამიწაზეც და ახალ იერუსალიმშიც, ჩვენი რწმენის საბოლოო დანიშნულების ადგილას.

ავტორი:
Dr. Jaerock Lee

დოქტორი ჯაეროკ ლი დაიბადა 1943 წელს მუანში, ჯეონამის პროვინცია, კორეის რესპუბლიკა. მის ოციან წლებში დოქტორი ლი იტანჯებოდა სხვადასხვა განუკურნებელი დაავადებებით შვიდი წლის განმავლობაში და ელოდებოდა სიკვდილს გამოჯანმრთელების იმედის გარეშე. ერთ დღს 1974 წლის გაზაფხულს როგორღაც მისმა დამ წაიყვანა ეკლესიაში და როდესაც იგი სალოცავად დაიჩოქა ცოცხალმა ღმერთმა მაშინვე განკურნა ყველა დაავადებისაგან.

ამის შემდეგ დოქტორი ლი შეხვდა ცოცხალ ღმერთს გასაოცარი გამოცდილებიდან, მას უფალი მთელი გულით უყვარს და 1978 წელს ღმერთმა მას თავისი მსახური უწოდა. იგი გულმოდგინებით ლოცულობდა, რათა გარკვევით გაეგო უფლის ნება, მთლიანად შეესრულებინა იგი და დამორჩილებოდა უფლის ყოველ სიტყვას. 1982 წელს მან დააარსა მანმინის ცენტრალური ეკლესია სეულში, კორეაში და უფლის ურიცხვი სასწაულები, ზებუნებრივი განკურნებების ჩათვლით, ხდება მის ეკლესიაში.

1986 წელს დოქტორი ლი იკურთხა პასტორად კორეაში იესოს სუნგკიულის ეკლესიაში ყოველწლიურ ასამბლეაზე და ოთხი წლის შემდეგ, 1990 წელს მისი მისი ქადაგებების გაშვება დაიწყო ავსტრალიაში, რუსეთში და ფილიპინებში. მოკლე დროის განმავლობაში უფრო მეტ ქვეყანას მიწვდა შორეული აღმოსავლეთის რადიომაუწყებლობის კომპანიის, აზიის რადიომაუწყებლობის სადგურით და ვაშინგტონის ქრისტიანული რადიო სისტემის მეშვეობით.

სამი წლის შემდეგ, 1933 წელს მანმინის ცენტრალური ეკლესია არჩეულ იქნა ერთ-ერთ „მსოფლიოს საუკეთესო 50 ეკლესიაში“ ქრისტიანული მსოფლიო ჟურნალის (ამერიკის შეერთებული შტატები) მიერ და მიიღო საპატიო ღვთისმეტყველების დოქტორის ხარისხი ქრისტიანული რწმენის კოლეჯისაგან, ფლორიდა, ამერიკის შეერთებული შტატები და 1996 წელს კი Ph. D. სამღვდელოებაში კინგსვეის თეოლოგიური სემინარიიდან, აიოვა, ამერიკის შეერთებული შტატები.

1993 წლის შემდეგ დოქტორმა ლიმ დაიწყო მსოფლიოს მისიის ხელმძღვანელობა ბევრი საზღვარგარეთული მისიებით ტანზანიაში, არგენტინაში, ლოს ანჯელესში, ბალტიმორის ქალაქში, ჰავაიზე, ნიუ–იორკში, უგანდაში, იაპონიაში, პაკისტანში, კენიაში, ფილიპინებში, ჰონდურასში, ინდოეთში, რუსეთში, გერმანიაში, პერუში, კონგოში და ისრაელში.

2002 წელს ქრისტიანულმა გაზეთმა კორეაში იგი აღიარა, როგორც

„მსოფლიო მასშტაბის მქადაგებელი" მისი ძლიერი სამღვდელოებისათვის სხვადასხვა ქვეყნებში. კერძოდ მისი ნიუ-იორკის 2006 ლაშქრობა, რომელიც მედისონ-სკვერ-გარდენში ჩატარდა. ეს შემთხვევა გადაეცა 220 სახელმწიფოს და მისი „2009 წლის ისრაელის გაერთიანებული ლაშქრობა," ჩატარებული იერუსალიმის საერთაშორისო კონვენციის ცენტრში, აქ მან გაბედულად განაცხადა, რომ იესო ქრისტე არის მესია და მხსნელი.

მისი ქადაგებები გადაეცემა 176 სახელმწიფოს თანამგზავრებით, GCN TV-ის ჩათვლით, და იგი ჩამოთვლილი იყო ერთ-ერთ 2009 წლის და 2010 წლის „10 ყველაზე გავლენიან ქრისტიან ლიდერებში" ცნობილი რუსული ქრისტიანული ჟურნალის In Victory-ის მიერ, მისი ძლიერი სამღვდელოებისათვის.

2013 წლის ოქტომბრისთვის მანმინის ცენტრალურ ეკლესიას ყავს 120 000-ზე მეტი მრევლი. არსებობს 10000 ფილიალი ეკლესიები მსოფლიოს გარშემო და ჯერჯერობით 123-ზე მეტ მისიონერს აქვს დავალებული 23 ქვეყანა ამერიკის შეერთებული შტატების, რუსეთის, გერმანიის, კანადის, იაპონიის, ჩინეთის, საფრანგეთის, ინდოეთის, კენიის ჩათვლით.

ამ გამოქვეყნების დღიდან დოქტორი ჯაეროკ ლის დაწერილი აქვს 88 წიგნი ბესტსელერების ჩათვლით: საუკუნო სიცოცხლის დაგემობნება სიკვდილამდე, ჩემი ცხოვრება ჩემი რწმენა I და II, ჯვრის მოწოდება, რწმენის ზომა, ზეცა I და II, ჯოჯოხეთი და უფლის ძალა. მისი ნამუშევრები თარგმნილია 76 ენაზე.

მისი ქრისტიანული სვეტები ჩნდება ჰანკოკ ლიბოში, ჯონგანგის ყოველდღიურ გაზეტში, დონგ–ა ლიბოში, მუნვა ლიბოში, სეულის შინმუნში, კიუნგიანგ შინმუნში, ჰანკიორე შინმინში, კორეის ეკონომიკურ ყოველდღიურ გაზეთში, კორეის ჰერალდში, შისას ახალ ამბებში და ქრისტიანულ პრესაში.

დოქტორი ლი ამჟამად მრავალი მისიონერული ორგანიზაციების ლიდერია. თანამდებობები მოიცავს: გაერთიანებული კორეის წმინდა ეკლესიის თავმჯდომარე, გაერთიანებული უწმინდესობის იესო ქრისტეს ეკლესია; მანმინის მსოფლიო მისიის პრეზიდენტი; მსოფლიოს ქრისტიანობის აღორძინების მისიის ასოციაციის მუდმივი პრეზიდენტი; მანმინის ტელევიზიის დამაარსებელი; გლობალური ქრისტიანული ქსელის (GCN) დამაარსებელი და თავმჯდომარე; მსოფლიოს ქრისტიანული ექიმების ქსელის (WCDN) დამაარსებელი და თავმჯდომარე; და მანმინის საერთაშორისო სემინარიის (MIS) დამაარსებელი და თავმჯდომარე.

ზეცა I და II

მტკიცებულებების მემუარები დოქტორ ჯაეროკ ლისგან, რომელიც ხელახლა დაიბადა და სიკვდილის ჩრდილს გადაურჩა და უძღვება სრულყოფილ სამაგალითო ქრისტიანულ ცხოვრებას.

ჯვრის მოწოდება

ძალის მქონე განმაღვიძებელი მოწოდება ყველასთვის, ვისაც სულიერად სძინავს! ამ წიგნში თქვენ იპოვნით მიზეზს, თუ რატომაა იესო ერთადერთი მხსნელი და უფლის ჭეშმარიტი სიყვარული.

ჯოჯოხეთი

სერიოზული მოწოდება უფლისგან კაცობრიობისათვის, რომლებსაც არ სურთ არცერთი სულის ჯოჯოხეთის ცეცხლში ჩაგდება! შენ აღმოაჩენ ადრე არასოდეს გამოვლენილ ქვედა ჰადესის და ჯოჯოხეთის რეალურ სისასტიკეს.

სამშვინველი, სული და სხეული I და II

სამშვინველის, სულის და სხეულის სულიერი გაგებით, რომლებიც ადამიანთა შემადგენელი ნაწილებია, მკითხველს შეუძლია "საკუთარ მეს" ჩახედოს და მიიღოს შორსმჭვრეტელობა თვით სიცოცხლეზე.

რწმენის საზომი

რა ტიპის საცხოვრებელი ადგილი, გვირგვინი და კილდო არის მომზადებული შენთვის სამოთხეში? ეს წიგნი უზრუნველყოფს სიბრძნეს და წინამძღოლობას, რათა გაზომო შენი რწმენა და დახვეწო საუკეთესო და მოწიფული რწმენა.

გაღვიძებული ისრაელი

რატომ აქცევს უფალი ამხელა ყურადღებას ისრაელს დასაბამიდან დღემდე? რა არის უფლის ისრაელისათვის მომზადებული გეგმები დღესდღეობით, რომელიც კვლავაც მესიას ელოდება?

ჩემი ცხოვრება, ჩემი რწმენა I და II

ყველაზე არომატული სულიერი სურნელება გაიყოფა სიცოცხლისაგან, რომელიც უბადლო ღმერთის სიყვარულით არის აყვავებული, ბნელი ტალღების შუაგულში, ცივი უღელი და ყველაზე ღრმა სასოწარკვეთილება.

უფლის ძალა

აუცილებლად უნდა წაიკითხოთ, ვინაიდან ეს წიგნი წარმოადგენს აუცილებელ სახელმძღვანელოს რათა შესძლოთ ჭეშმარიტი რწმენის მიღება და უფლის გასაოცარი ძალის საკუთარ თავზე გამოცდა.

www.urimbooks.com

www.ingramcontent.com/pod-product-compliance
Lightning Source LLC
LaVergne TN
LVHW021814060526
838201LV00058B/3383
9791126308316